Vorwort

Dieses Buch richtet sich an Lernende der Grundstufe, die neben dem Deutschunterricht zusätzliche Grammatikerklärungen und Übungen benötigen. Es ermöglicht eine optimale Vorbereitung auf die Prüfung *Zertifikat Deutsch als Fremdsprache*, zumal das Vokabular aller Beispiele und Übungen dem Kenntnisstand in der Grundstufe entspricht.

Fortgeschrittene, die sich nach einer Pause wieder mit der deutschen Grammatik beschäftigen wollen, erreichen mit diesem Buch ebenso gute Lernerfolge wie Lernende der Mittelstufe, die Probleme mit der Basisgrammatik haben und sie insgesamt oder in Teilen wiederholen möchten.

Diese Grammatik ist als Zusatzmaterial zu allen Grundstufenlehrwerken für Deutsch als Fremdsprache einsetzbar – sowohl im Unterricht als auch bei der Arbeit zu Hause.

Die Übungen sind in jedem Kapitel in zwei Schwierigkeitsstufen unterteilt. Die leichteren Übungen sind an der helleren Nummer, die schwierigeren an der dunkleren Nummer erkennbar. Der Selbstlerner kann seine Lösungen mit Hilfe des Schlüssels (Bestellnummer 3-19-011575-3) überprüfen.

Die einzelnen Kapitel müssen nicht in der vorgegebenen Reihenfolge durchgearbeitet werden. Das durch Beispiele erweiterte Inhaltsverzeichnis ermöglicht den Lernenden einen schnellen Überblick und die Zusammenstellung eines individuellen Programms.

An dieser Stelle möchte ich allen ausländischen Studentinnen und Studenten sehr herzlich danken, die mir in der Erprobungsphase entscheidende Hinweise und wertvolle Anregungen gegeben haben.

Monika Reimann

Inhaltsverzeichnis

Verb

Nomen

Inhaltsverzeichnis

Partikeln

Satz

Abkürzungen

Akk.	Akkusativ
Dat.	Dativ
etc.	et cetera
f.	feminin
fem.	feminin
Gen.	Genitiv
HS	Hauptsatz
Inf.	Infinitiv
jdm.	jemandem
jdn.	jemanden
m.	maskulin
n.	neutrum
Nom.	Nominativ
NS	Nebensatz
Pl.	Plural
Sing.	Singular
z. B.	zum Beispiel

1.1 Verb
Grundverben

sein – haben – werden

Gebrauch

sein
    als Vollverb
Ich bin müde.   + Adjektiv
Ich bin Ärztin.   + Nomen
Die Tür ist geschlossen.   + Partizip II

    als Hilfsverb
Ich bin gestern angekommen.   Perfekt
Ich war gestern angekommen.   Plusquamperfekt

    modaler Gebrauch
Es ist noch viel zu tun.   Notwendigkeit

haben
    als Vollverb
Ich habe Hunger.   + Nomen

    als Hilfsverb
Ich habe ihn gefragt.   Perfekt
Ich hatte ihn gefragt.   Plusquamperfekt

    modaler Gebrauch
Ich habe noch viel zu tun.   Notwendigkeit

werden
    als Vollverb
Ich werde Pilot.   + Nomen
Ich werde ungeduldig.   + Adjektiv

    als Hilfsverb
Ich würde jetzt gern schlafen.   Konjunktiv II
Hier wird ein Museum gebaut.   Passiv
Ich werde dich bald besuchen.   Futur I

    modaler Gebrauch
Er wird krank sein.   Vermutung

Formen

		sein	haben	werden
Präsens	ich	bin	habe	werde
	du	bist	hast	wirst
	er, sie, es	ist	hat	wird
	wir	sind	haben	werden
	ihr	seid	habt	werdet
	sie, Sie	sind	haben	werden
Präteritum	ich	war	hatte	wurde
	du	warst	hattest	wurdest
	er, sie, es	war	hatte	wurde
	wir	waren	hatten	wurden
	ihr	wart	hattet	wurdet
	sie, Sie	waren	hatten	wurden
Perfekt	ich …	bin … gewesen …	habe … gehabt …	bin … geworden …
Plusquamperfekt	ich …	war … gewesen …	hatte … gehabt …	war … geworden …

▶Übungen 1–3

11

könben – dürfen – müssen – sollen – wollen – mögen (Modalverben)

Gebrauch

können

Fähigkeit *Ability / Capability*
Ich kann segeln.

Möglichkeit *possibility*
Kann man hier Theaterkarten kaufen?

Erlaubnis *permission*
Du kannst gern mein Auto nehmen.

dürfen

Erlaubnis *permission*
Man darf hier parken.

Verbot
Sie dürfen hier nicht rauchen.

höfliche Frage *polite question*
Darf ich Ihnen helfen?

müssen

Duty Instruction command
Pflicht, Auftrag, Befehl (von außen)
Der Arzt hat gesagt, ich muss diese Tabletten dreimal täglich nehmen.
Sie müssen hier noch unterschreiben.

+ Negation (,nicht brauchen zu' / ,nicht müssen')
Der Arzt hat gesagt, die anderen Tabletten brauche ich nicht mehr zu nehmen.
Dieses Formular brauchen Sie nicht zu unterschreiben.

Die Formulierung *nicht brauchen zu* ersetzt *nicht müssen*.

▶ Verwendung von *brauchen* als Vollverb Seite 16

sollen	*Rat, Empfehlung* Der Arzt hat gesagt, ich soll nicht so viel rauchen. *Rat, Empfehlung (höflicher und unverbindlicher; Konjunktiv II)* Der Arzt hat gesagt, ich sollte mehr Sport treiben. *moralische Verpflichtung* Man soll Rücksicht auf andere Menschen nehmen.
wollen	*Plan, Absicht* Wir wollen uns ein Haus kaufen. Ich will Physik studieren.
mögen **(Indikativ)**	*‚mögen' als Vollverb* Ich mag sie sehr gern. Kaffee mag ich nicht. Ich trinke nur Tee.
ich möchte **(Konjunktiv II)**	*Wunsch* Ich möchte bitte ein Kilo Tomaten. Ich möchte jetzt wirklich nach Hause gehen. *Plan, Absicht* Ich möchte im nächsten Urlaub nach Griechenland fahren. Ich möchte ihn auf jeden Fall besuchen.

Modalverben **als Vollverben**	können	Ich kann Deutsch.
	dürfen	Ich darf mit dir ins Kino.
	müssen	Ich muss jetzt nach Hause.
	sollen	Was soll das?
	wollen	Ich will jetzt nicht!
	ich möchte	Ich möchte das aber nicht!

Formen

		können	**dürfen**	**müssen**	
Präsens	ich	kann	darf	muss	
	du	kannst	darfst	musst	
	er, sie, es	kann	darf	muss	
	wir	können	dürfen	müssen	
	ihr	könnt	dürft	müsst	
	sie, Sie	können	dürfen	müssen	

		sollen	**wollen**	**mögen**	
	ich	soll	will	mag	möchte
	du	sollst	willst	magst	möchtest
	er, sie, es	soll	will	mag	möchte
	wir	sollen	wollen	mögen	möchten
	ihr	sollt	wollt	mögt	möchtet
	sie, Sie	sollen	wollen	mögen	möchten

		können	**dürfen**	**müssen**	
Präteritum	ich	konnte	durfte	musste	
	du	konntest	durftest	musstest	
	er, sie, es	konnte	durfte	musste	
	wir	konnten	durften	mussten	
	ihr	konntet	durftet	musstet	
	sie, Sie	konnten	durften	mussten	

		sollen	**wollen**	**mögen**	
	ich	sollte	wollte	mochte	wollte*
	du	solltest	wolltest	mochtest	…
	er, sie, es	sollte	wollte	mochte	
	wir	sollten	wollten	mochten	
	ihr	solltet	wolltet	mochtet	
	sie, Sie	sollten	wollten	mochten	

* Im Präteritum wird *ich möchte* durch *ich wollte* ersetzt:
Nachher möchte ich noch einen Spaziergang machen.
Gestern wollte ich noch einen Spaziergang machen, aber dann hat es
plötzlich angefangen zu regnen.

Perfekt   Ich habe nach Hause gehen müssen.
                        Er hat nicht schlafen können.

                        Das Perfekt der Modalverben wird selten gebraucht. Hier ist es
                        stilistisch besser, das Präteritum zu verwenden:

                        Ich musste nach Hause gehen.
                        Er konnte nicht schlafen.

Plusquamperfekt   Das Plusquamperfekt der Modalverben (Ich hatte nach Hause
                        gehen müssen. – Er hatte nicht schlafen können.) wird selten
                        verwendet.

Wortstellung im Hauptsatz

Präsens   Ich muss zum Arzt gehen.
Präteritum   Ich musste zum Arzt gehen.

                        selten gebraucht
Perfekt   Ich habe nach Hause gehen müssen.
Plusquamperfekt   Ich hatte nach Hause gehen müssen.

Wortstellung im Nebensatz

Präsens   Ich weiß, dass ich zum Arzt gehen muss.
Präteritum   Ich weiß, dass ich zum Arzt gehen musste.

                        selten gebraucht
Perfekt   Ich weiß, dass ich zum Arzt habe gehen müssen.
Plusquamperfekt   Ich wusste, dass ich zum Arzt hatte gehen müssen.

▶ Übungen 4–11

![] **lassen – brauchen**

Gebrauch

lassen	*als Vollverb* Er kann es einfach nicht lassen. Lassen Sie das! Tu, was du nicht lassen kannst!
	modaler Gebrauch
	Ich lasse ihn mit meinem Auto fahren. Erlaubnis
	Er lässt sich von ihr die Haare schneiden. Auftrag
	Die Maschine lässt sich noch reparieren. Möglichkeit

lassen **im Perfekt**	*als Vollverb* Ich habe meine Tasche zu Hause gelassen.	*haben + gelassen*
	modaler Gebrauch Er hat sich von ihr die Haare schneiden lassen.	*haben +* Infinitiv *+ lassen*

brauchen	*als Vollverb* Ich brauche Hilfe.	*+* Akkusativ
	modaler Gebrauch Du brauchst nicht zu kommen.	*= nicht müssen* ▶ *müssen* Seite 12

brauchen **im Perfekt**	*als Vollverb* Ich habe Hilfe gebraucht.	*haben + gebraucht*
	modaler Gebrauch Du hast nicht zu kommen brauchen.	*haben + nicht* *+* Infinitiv *+ brauchen*

Es ist stilistisch besser, hier das Präteritum zu benutzen:

Du brauchtest nicht zu kommen.

Formen

		lassen	brauchen
Präsens	ich	lasse	brauche
	du	lässt	brauchst
	er, sie, es	lässt	braucht
	wir	lassen	brauchen
	ihr	lasst	braucht
	sie, Sie	lassen	brauchen
Präteritum	ich	ließ	brauchte
	du	ließest	brauchtest
	er, sie, es	ließ	brauchte
	wir	ließen	brauchten
	ihr	ließt	brauchtet
	sie, Sie	ließen	brauchten
Perfekt als Vollverb	ich	habe … gelassen	habe … gebraucht
	…	…	…
Perfekt als Hilfsverb	ich	habe … Inf. + lassen	habe … *nicht* + Inf. + brauchen
	…	…	…
Plusquamperfekt als Vollverb	ich	hatte … gelassen	hatte … gebraucht
	…	…	…
Plusquamperfekt als Hilfsverb	ich	hatte … Inf. + lassen	hatte … *nicht* + Inf. + brauchen
	…	…	…

▶ Übungen 12–14

1 Präsens und Präteritum:
Ergänzen Sie die Formen.

1. er _hat_   er hatte

2. wir sind   wir _____

3. du _____   du wurdest

4. ihr seid   ihr _____

5. Sie _____   Sie hatten

6. er _____   er war

7. ich bin   ich _____

8. ihr werdet   ihr _____

9. sie _____   sie waren

10. ich werde   ich _____

11. ihr habt   ihr _____

12. es _____   es wurde

2 Präsens: Ergänzen Sie die Formen
von *sein*, *haben* und *werden*.

1. Seit wann _ist_   er denn
verheiratet?

2. Wie alt _____ du?

3. Wenn ich mal groß _____ ,
_____ ich Lokomotivführer.

4. Er _____ einfach keine Geduld
mit den Kindern.

5. Wann _____ du eigentlich
Geburtstag?

6. Die Lebensmittel _____ von Tag
zu Tag teurer!

7. Ihr schafft das schon. Ihr _____
doch noch jung!

8. Es _____ schon ziemlich kühl
hier. Ich mache lieber die Heizung
an.

9. Ich _____ langsam müde. Ich
gehe am besten bald ins Bett.

10. _____ Sie Herrn Peters schon
angerufen?

3 Präteritum oder Perfekt:
Ergänzen Sie die Formen von *sein*, *haben* und *werden*.

1. ◼ Ich habe letzte Woche dauernd bei dir angerufen.
   ● Tut mir Leid, aber da _war_   ich nicht zu Hause.

2. ◼ Wo _____ du denn gestern Abend? Warum bist du nicht gekommen?
   ● Ich _____ leider keine Zeit.

3. ◼ Ich _____ letzte Woche krank.
   ● Was _____ Sie denn?
   ◼ Grippe.

4. ◼ Warum hat er uns alle eingeladen?
   ● Er _____ gestern Vater _____ und möchte das mit uns feiern.

5. ◼ Wo _____ ihr denn so lange? Wir warten schon eine halbe Stunde.
   ● Wir _____ Hunger und haben uns noch schnell etwas zu essen gekauft.

6. ◼ Wie _____ denn euer Urlaub? _____ ihr eine schöne Zeit?
   ● Eigentlich schon. Nur _____ leider am dritten Tag das Wetter schlecht, und
   dann _____ es jeden Tag kälter.

4 Präsens und Präteritum:
Ergänzen Sie die Formen von *können, dürfen, müssen, sollen, wollen, möcht-.*

1.	er _will/wollte_ schlafen	wollen
2.	sie _____ arbeiten	müssen
3.	ihr _____ aufhören	sollen
4.	ich _____ spazieren gehen	wollen
5.	sie (Pl.) _____ lesen	möcht-
6.	er _____ ausgehen	dürfen
7.	du _____ Auto fahren	können
8.	wir _____ bleiben	müssen
9.	ich _____ nicht mitkommen	dürfen
10.	Sie _____ gehen	können
11.	ich _____ lernen	müssen
12.	du _____ anfangen	sollen
13.	sie _____ studieren	wollen
14.	sie _____ essen	möcht-

5 Vom Perfekt ins Präteritum:
Formulieren Sie die Sätze um.

1. Sie hat heute nicht länger arbeiten wollen.
   Sie wollte heute nicht länger arbeiten.

2. Der Patient hat viel spazieren gehen müssen.

3. Sie hat gestern Abend nicht ins Kino gehen dürfen.

4. Er hat den Bericht gestern nicht mehr beenden können.

5. Sie haben nicht mitkommen wollen.

6. Wir haben das noch schnell fertig machen müssen.

7. Aber du hast doch die Karten kaufen sollen!

8. Er hat mir nicht helfen können.

6 Präsens: Ergänzen Sie die Formen von *müssen* oder *sollen.*

1. Du _____ dich beeilen, sonst kommst du zu spät.

2. Er _____ nicht so viel rauchen.

3. Ich _____ heute unbedingt zum Zahnarzt. Ich hatte die ganze Nacht starke Zahnschmerzen.

4. Deine Kinder _____ bitte ein bisschen leiser sein. Ich möchte schlafen.

5. Er _____ seine Arbeit nicht immer wichtiger nehmen als seine Familie.

6. Ich kann erst etwas später kommen. Ich _____ vorher noch für Oma einkaufen gehen.

7. Einen schönen Gruß von Herrn Breiter. Sie _____ nicht auf ihn warten, er _____ nämlich noch länger arbeiten.

8. Wir haben kein Brot mehr. Wir _____ noch zur Bäckerei gehen.

7 Präsens: Ergänzen Sie die Formen von *können* oder *dürfen*.

1. Ich _____ nicht mehr so viel Fleisch essen, weil es zu viel Cholesterin hat.
2. _____ du mir morgen bitte dein Auto leihen?
3. Sie ist erst 15 Jahre alt, deshalb _____ sie noch nicht in die Disco gehen.
4. _____ man hier rauchen?
5. Wir _____ diese Wohnung nicht mieten. Sie ist zu teuer.
6. Am Sonntag _____ ihr doch ausschlafen, oder?
7. Kinder unter 16 Jahren _____ in Deutschland keinen Alkohol kaufen.
8. Herr Petersen ist krank. Er _____ deshalb heute leider nicht kommen.

9 Ergänzen Sie das richtige Modalverb.

1. Wir _möchten_ jetzt gern frühstücken. Kommst du bitte? (sollen/möchten/müssen)
2. Mein Mann _____ leider nicht mitkommen. Er hat heute keine Zeit. (durfte/sollte/konnte)
3. Der Chef lässt Ihnen sagen, dass Sie ihn irgendwann anrufen _____ . (sollen/wollen/müssen)
4. Sie _____ mich sprechen, hat meine Kollegin gesagt? (konnten/wollten/durften)
5. _____ ich Ihnen in den Mantel helfen? (Muss/Will/Darf)
6. Du _____ noch deine Hausaufgaben machen. Vergiss das nicht! (kannst/musst/darfst)

8 Was muss man hier tun? Was kann man hier tun? Was darf man hier nicht tun?

1. rauchen *Hier darf man nicht rauchen.*
2. telefonieren _____
3. überholen _____
4. leise sein _____
5. parken _____
6. Information bekommen _____
7. Motorrad fahren _____
8. parken _____

10 Präteritum: Ergänzen Sie die Formen von *können, müssen* oder *dürfen.*

1. Früher _____ wir in kalten Zimmern schlafen.

2. Früher _____ die Kinder in der Schule immer ganz still sitzen. Sie _____ nicht aufstehen, ohne den Lehrer vorher zu fragen.

3. Früher _____ wir auf der Straße spielen. Heute ist das zu gefährlich.

4. Früher _____ die Schulkinder Uniformen tragen.

5. Früher _____ man in der Schule nichts mitbestimmen.

6. Früher _____ wir auch nicht so viele Hausaufgaben machen wie die Kinder heute.

7. Früher _____ wir beim Essen nicht sprechen. Das hat unser Vater verboten.

8. Früher _____ wir auch am Samstag zur Schule gehen.

11 Ergänzen Sie die Modalverben.

1. ▣ _Musst_ du heute Abend arbeiten oder _____ du mit uns essen gehen?

   ● Ich _____ heute leider arbeiten. Aber vielleicht _____ wir am Wochenende etwas zusammen unternehmen.

2. ▣ _____ Sie Französisch?

   ● Nein, aber ich _____ es auf jeden Fall lernen.

3. ▣ Frag doch mal deine Eltern, ob du mit uns ins Kino _____ .

   ● Ich _____ bestimmt nicht. Sie haben schon gesagt, dass ich heute Abend zu Hause bleiben _____ .

4. ▣ _____ ich Ihnen ein Glas Wein anbieten?

   ● Nein danke, ich _____ lieber ein Mineralwasser.

5. ▣ Das Flugzeug hat Verspätung. Wir _____ noch eine Stunde warten.

   ● Dann _____ wir doch in die Bar gehen und dort warten.

6. ▣ So, wir sind fertig. Sie _____ jetzt nach Hause gehen.

   ● Danke, aber ich _____ gern noch ein bisschen hier bleiben.

12 Präsens oder Perfekt:
Ergänzen Sie die Formen von *lassen* und *brauchen*.

1. Ihr _____ euch keine Sorgen zu machen.   brauchen / Präsens

2. Warum _____ ihr mich nicht endlich in Ruhe?   lassen / Präsens

3. Wo sind bloß meine Schlüssel? Hoffentlich _____
   ich sie nicht in der Wohnung _____ .   lassen / Perfekt

4. Vielen Dank, aber das kann ich alleine machen.
   Du _____ mir nicht zu helfen.   brauchen / Präsens

5. Sein Auto ist schon wieder kaputt. Dabei _____
   er es erst vor zwei Wochen reparieren _____ .   lassen / Perfekt

6. Der Zug fährt erst in zwei Stunden. Wir _____
   uns also nicht so zu beeilen.   brauchen / Präsens

13 Ergänzen Sie die Formen von *lassen* oder *brauchen*.

1. ▨ Ich habe die Küche schon aufgeräumt.
   ● Danke, das ist sehr nett, aber das hättest du nicht zu machen _____ .

2. ▨ Deine Wohnung sieht ja plötzlich ganz anders aus!
   ● Ja, ich habe sie kürzlich renovieren _____ .

3. ▨ Nie _____ du mich etwas alleine machen!
   ● Das stimmt doch nicht.

4. ▨ Nimmst du immer noch diese starken Tabletten?
   ● Nein. Seit ein paar Tagen habe ich keine Schmerzen mehr, deshalb _____
   ich sie nicht mehr zu nehmen.

5. ▨ Hast du das Kleid selbst genäht?
   ● Nein, das habe ich vom Schneider machen _____ .

6. ▨ Hast du gerade ein bisschen Zeit?
   ● Ja, klar.
   ▨ Ich _____ nämlich deinen Rat.

14 Finden Sie den passenden Dialogteil und ergänzen Sie das Verb.

1. ▦ Brauchst du das Auto heute Abend?
   ● *Nein, du kannst es nehmen.*
2. ▦ Mein Hund ist krank, und ich weiß nicht, was er hat.
3. ▦ Hans, mach bitte die Musik leiser. Das stört unsere Gäste.
4. ▦ Muss ich die Briefe heute noch schreiben?
5. ▦ Was macht denn Ihre Tochter nach dem Abitur?
6. ▦ Die Lebensmittelpreise sind in den letzten Jahren sehr gestiegen.
7. ▦ Wie funktioniert denn der Videorekorder?
8. ▦ Wo bleibt denn deine Tochter? Sie wollte doch schon seit einer Stunde zurück sein.
9. ▦ Wann kommt denn Christian aus Moskau zurück?
10. ▦ Fahren wir am Sonntag zum Segeln?

a ● Morgen. Ich _____ ihn wahrscheinlich am Flughafen abholen.
b ● Nein, nein, das _____ Sie heute nicht mehr zu tun. Sie _____ gern nach Hause gehen.
c ● Nein, du _kannst_ es nehmen.   ·
d ● Ja, ich _____ auch langsam unruhig. Normalerweise ist sie immer pünktlich.
e ● Sie _____ Rechtsanwältin _____ und hofft, dass sie gleich einen Studienplatz bekommt.
f ● Ich habe schon alles programmiert. Sie _____ ihn nur noch anzumachen.
g ● Dann _____ du zum Tierarzt gehen und ihn untersuchen _____ .
h ● Ja gern, ich _____ aber nicht segeln.
i ● Ach _____ ihn doch seine Musik hören. Das stört uns gar nicht.
j ● Ja, ja, alles _____ teurer.

1	2	3	4	5	6	7	8	9	10
c									

1.2 Verb
Tempora

Zeit	Vergangenheit	Gegenwart	Zukunft
mögliche Tempora	Perfekt Präteritum Plusquamperfekt	Präsens	Präsens mit Zeitangabe Futur I

Gegenwart

Präsens

Gebrauch

unmittelbare Gegenwart
- Wo ist denn Angela?
- Im Wohnzimmer.
- Und was macht sie da?
- Sie sieht fern.

zeitlos gültige Aussage
- Köln liegt am Rhein.
- In Paris gibt es viele Museen.

der Zustand dauert bis jetzt an
- Ich wusste nicht, dass du jetzt in Köln wohnst.
- Doch, schon seit drei Jahren.
- Arbeitest du dort?
- Nein, ich studiere noch.

Formen

**Regelmäßige
Verben**

fragen

ich	frage	wir	frag**en**
du	frag**st**	ihr	frag**t**
er, sie, es	frag**t**	sie, Sie	frag**en**

Besonderheiten

	arbeiten	**reisen**	**klingeln**
ich	arbeite	reise	kling**le**
du	arbei**test**	rei**st**	klingelst
er, sie, es	arbei**tet**	rei**st**	klingelt
wir	arbeiten	reisen	klingeln
ihr	arbei**tet**	rei**st**	klingelt
sie, Sie	arbeiten	reisen	klingeln

Ebenso:	finden	rasen	würfeln
	leiden		sammeln

**Unregelmäßige
Verben**

	lesen	**nehmen**	**fahren**
ich	lese	nehme	fahre
du	lie**st**	n**imm**st	f**äh**rst
er, sie, es	lie**st**	n**imm**t	f**äh**rt
	...	...	...

Ebenso:	sehen	geben	schlafen
	befehlen	sprechen	laufen

	essen	**wissen**
ich	esse	w**eiß**
du	i**ss**t	w**eiß**t
er, sie, es	i**ss**t	w**eiß**
	...	...

Ebenso:	vergessen	
	messen	

▶ Übungen 1–5

Vergangenheit

Für die Vergangenheit gebraucht man vor allem Perfekt und
Präteritum.
Das Perfekt wird überwiegend in der Alltagssprache verwendet,
das Präteritum hauptsächlich in der geschriebenen Sprache
und bei den Grundverben.

Perfekt

Gebrauch

meist im Gespräch, in Dialogen
- Was hast du gestern gemacht?
- Ich bin ins Kino gegangen.
- Was hast du denn angeschaut?
- Den neuen Film von Wim Wenders.
- Den habe ich auch schon gesehen.
- Und wie hat er dir gefallen?
- Sehr gut.

Formen

haben + Partizip II	*sein* + Partizip II
Was **hast** du **gemacht**?	Wohin **bist** du **gegangen**?
• die meisten Verben	• Verben der Bewegung (ohne Akkusativ), z. B. *fahren, kommen, abfahren:*
Da ist ja das Wörterbuch! Ich habe es schon gesucht.	Ich bin am Wochenende in die Berge gefahren. Warum bist du nicht schon gestern gekommen? Der Zug ist vor einer Stunde abgefahren.

- alle reflexiven Verben,
  z.B. *sich entscheiden,*
  sich unterhalten:

  Ich habe mich noch nicht
  entschieden.
  Er hat sich mit mir
  unterhalten.

- Verben der Zustandsver-
  änderung (ohne Akkusativ),
  z.B. *wachsen, werden,*
  aufwachen:

  Der Baum ist aber ganz
  schön gewachsen!
  Er ist letzte Woche Vater
  geworden.
  Sie ist gerade aufgewacht.

- *bleiben, sein*:

  Er ist eine Woche in
  Frankfurt geblieben.
  Ich bin gestern im Theater
  gewesen.

Partizip II

t-Verben (regelmäßig)	ge ▨ t	hat gekauft, hat geholt, hat gemacht …
	▨ ge ▨ t	hat eingekauft, hat abgeholt, hat aufgemacht … (trennbare Verben) ▸ *Trennbare Verben* Seite 46
	▨ t*	hat bezahlt, hat erzählt, hat studiert …
n-Verben (unregelmäßig)	ge ▨ en	hat geschrieben, ist gegangen, hat gegessen …
	▨ ge ▨ en	hat abgeschrieben, hat angefangen, hat mitgenommen … (trennbare Verben)
	▨ en*	hat empfohlen, hat entschieden, hat verlassen …

* Die Verben mit *be-, emp-, ent-, er-, ge-, miss-, ver-, zer-* sowie die meisten
Verben auf *-ieren* bilden das Perfekt nicht mit *ge*.

denken, bringen, **kennen, nennen,** **wissen, …** (Mischverben)	ge ▨ t (mit Veränderung des Stammvokals)	hat gedacht, hat gebracht, hat gekannt, hat genannt, hat gewusst, …
haben, sein		hat gehabt, ist gewesen ▸ Seite 11

▸ Übungen 6–12

Präteritum

Gebrauch

meist in schriftlichen Erzählungen, Berichten
- Als sie gestern Abend nach Hause kam, erschrak sie fürchterlich. Ihre Wohnungstür war offen und …
- Die Blutuntersuchungen ergaben leider kein eindeutiges Krankheitsbild. Deshalb musste der Patient …

fast immer bei den Grundverben und ‚geben‘ (es gab)
- Was habt ihr gestern Abend gemacht?
- Wir waren im Kino.

▶ Präteritumsformen der *Grundverben* Seite 11, 14

Formen

t-Verben
(regelmäßig)

fragen

ich	fragte	wir	fragten
du	fragtest	ihr	fragtet
er, sie, es	fragte	sie, Sie	fragten

Besonderheiten

arbeiten

ich	arbeitete	wir	arbeiteten
du	arbeitetest	ihr	arbeitetet
er, sie, es	arbeitete	sie, Sie	arbeiteten

Ebenso: warten, landen, atmen, regnen …

n-Verben
(unregelmäßig)

gehen

ich	ging	wir	gingen
du	gingst	ihr	gingt
er, sie, es	ging	sie, Sie	gingen

▶ Übungen 13–17

Plusquamperfekt

Gebrauch

Das Plusquamperfekt wird nicht sehr häufig gebraucht.
Es beschreibt ein Ereignis A, das noch weiter in die
Vergangenheit zurückgeht als ein Ereignis B. Das Ereignis B
steht meistens im Präteritum (geschriebene Sprache, z. B. in
einem Bericht):

Ereignis A   *Ereignis B*
Der Regen hatte schon aufgehört, als ich gestern in Rom ankam.

Man kann den Satz auch umkehren:

Ereignis B   *Ereignis A*
Als ich gestern in Rom ankam,   hatte der Regen schon aufgehört.

Formen

hatte + Partizip II	*war* + Partizip II
Der Regen hatte schon aufgehört, als ich ankam.	Der Zug war leider schon abgefahren, als ich am Bahnhof ankam.

▶ Übungen 18–19

▶ Zum Unterschied
im Gebrauch von
Gegenwart und
Vergangenheit
Übungen 20–22

Als ich bei der Geburtstagsfeier ankam,
war der Kuchen schon aufgegessen.

Zukunft

Man verwendet für die Zukunft normalerweise das Präsens mit einer Zeitangabe (*morgen, heute Abend, nächste Woche, bald ...*).

Präsens

Handlung in der Zukunft (Präsens + Zeitangabe)
- Kommst du am Samstag zu meiner Party?
- Tut mir Leid, aber ich fahre am nächsten Wochenende zu meinen Eltern.

Futur I

Mit dem Futur I (*werden* + Infinitiv) fügt man der Zukunft eine zusätzliche Bedeutung hinzu.

Zukunft + Versprechen
- Ich werde dich in deiner neuen Wohnung besuchen.
- Wir werden das heute Abend noch einmal besprechen.

Zukunft + Absicht, Prophezeiung
- Ich werde in die USA fliegen.
- Wir werden bestimmt eine Lösung finden.

▶ Übung 23   ▶ Formen von *werden* Seite 11

1 Ergänzen Sie die Formen.

1.	sie _geht_____	gehen
2.	ihr _____	schreiben
3.	er _____	telefonieren
4.	wir _____	reden
5.	du _____	machen
6.	sie _____	fragen
7.	ich _____	spielen
8.	du _____	lieben
9.	Sie _____	studieren
10.	sie (Pl.) _____	schlafen

2 Ergänzen Sie die Formen.

1. Wo _arbeitest___ du? (arbeiten)
2. Er _____ schon lange. (warten)
3. Ich _____ meine Brille nicht. (finden)
4. Wann _____ du? (fahren)
5. Ich _____ es nicht. (wissen)
6. Sie _____ dich um Hilfe. (bitten)
7. Er _____ mich nie. (grüßen)
8. Wann _____ ihr? (heiraten)
9. Wie _____ du? (heißen)
10. _____ du mir bitte den Stift? (geben)

3 Stellen Sie die Fragen in der du-Form.

1. Was empfehlen Sie mir? _Was empfiehlst du mir?_____
2. Wohin fahren Sie? _____
3. Wem helfen Sie gern? _____
4. Wie lange warten Sie hier schon? _____
5. Warum vergessen Sie das immer wieder? _____
6. Warum antworten Sie nicht? _____
7. Warum nehmen Sie mir die Zigaretten weg? _____
8. Wissen Sie den Namen? _____
9. Warum werden Sie gleich so böse? _____
10. Welche Zeitung lesen Sie da? _____
11. Sind Sie heute Abend zu Hause? _____
12. Wen laden Sie sonst noch ein? _____

4 Ergänzen Sie die Verben im Rätsel.
Schreiben Sie dabei nur in Großbuchstaben.

Waagrecht
1. Warum ▨▨▨ du nicht? Ich habe dich etwas gefragt.
2. Mama, wo ▨▨▨ du?
3. ▨▨▨ du keine Süßigkeiten?
4. Ich habe so einen Durst. Ich muss schnell etwas ▨▨▨ .
5. Ich ▨▨▨ gern an meine Kindheit.
6. Wo ▨▨▨ wir uns heute Abend? Vor dem Kino?

Senkrecht
7. Mach schnell. Opa ▨▨▨ schon auf uns.
8. Der Pullover ▨▨▨ mir nicht. Er ist viel zu groß.
9. Was ▨▨▨ ihr denn heute Abend? Wollt ihr uns nicht besuchen?
10. Ich ▨▨▨ schon seit 15 Jahren in dieser Firma.
11. ▨▨▨ ich Ihnen in den Mantel helfen?
12. Wie ▨▨▨ du mein neues Kleid? Das habe ich heute gekauft.

5 Ergänzen Sie die Verben.

1. ■ Wie lange _sind___ Sie schon in
   Deutschland?
   ● Seit ungefähr einem halben
   Jahr.
   ■ Sie _____ ja schon sehr gut
   Deutsch.
   ● Danke, es _____ so.

2. ■ Es _____ schon spät.
   Die letzte U-Bahn _____ in
   zwanzig Minuten.
   ● Das macht nichts. Ich _____
   dich mit meinem Auto nach
   Hause.
   ■ Vielen Dank, das _____ sehr
   nett von dir.

3. ■ Ich _____ Martin. Und wie
   _____ du?
   ● Isabel.
   ■ Und woher _____ du?
   ● Aus Venezuela.
   ■ Wie lange _____ du schon in
   Deutschland?
   ● Seit zwei Monaten.

4. ■ Warum _____ du Oma nicht?
   Du _____ doch, dass sie viel
   Arbeit hat.
   ● Ich _____ nicht, wie ich ihr
   helfen kann.
   ■ Warum _____ du sie dann
   nicht? Sie _____ es dir dann
   schon.

6 Setzen Sie das richtige Partizip II ein.

| | angekommen | angerufen | gegessen | geschrieben | |
| gesagt | | empfohlen | ausgemacht | | gewesen |

1. Warum hast du das Radio _____ ?

2. Sind Sie schon einmal in Japan _____ ?

3. Hast du heute schon etwas _____ ?

4. Wann sind Sie _____ ?

5. Warum hast du mir keine Karte aus dem Urlaub _____ ?

6. Warum haben Sie das nicht früher _____ ?

7. Warum hast du denn nicht _____ , wenn du so spät kommst?

8. Wer hat Ihnen dieses Hotel _____ ?

7 Bilden Sie das Partizip II und ordnen Sie es in die Tabelle ein.

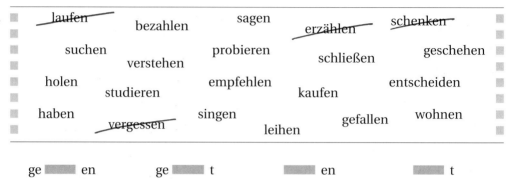

~~laufen~~   bezahlen   sagen   ~~erzählen~~   ~~schenken~~

suchen   probieren   schließen   geschehen
    verstehen

holen   empfehlen   entscheiden
    studieren   kaufen

haben   singen   gefallen   wohnen
    ~~vergessen~~   leihen

ge ▨ en	ge ▨ t	▨ en	▨ t
gelaufen	*geschenkt*	*vergessen*	*erzählt*
…	…	…	…

8 *Haben* oder *sein*: Ergänzen Sie die Formen.

1. ■ Wie _bist_ du hierher gekommen?
   ● Ich _____ ein Taxi genommen.

2. ■ Was _____ Sie am Wochenende gemacht?
   ● Ich _____ zum Schwimmen gegangen.

3. ■ _____ ihr euch schon die Innenstadt angesehen?
   ● Ja, gestern.
   ■ Und wie _____ es euch gefallen?
   ● Sehr gut. Wir _____ sogar in einer Kirche ein Orgelkonzert gehört.

4. ■ Warum _____ du denn so müde?
   ● Ich _____ gestern mit einer Freundin in die Disco gegangen. Danach _____ ich lange nicht eingeschlafen. Vielleicht _____ ich auch am Nachmittag zu viel Kaffee getrunken.

5. ■ _____ Sie schon umgezogen?
   ● Nein, wir _____ die Wohnung noch nicht fertig renoviert.

6. ■ Wann _____ Sie geboren?
   ● Am 12.1.1968.
   ■ Und wann _____ Sie mit dem Studium begonnen?
   ● 1988.

9 Ergänzen Sie den Infinitiv.

1. gerannt   *rennen*
2. geflossen   _____
3. geschienen   _____
4. gehangen   _____
5. getroffen   _____
6. geraten   _____
7. gelegen   _____
8. gewusst   _____
9. gekannt   _____
10. geschnitten   _____
11. weggenommen   _____
12. gestritten   _____
13. gestiegen   _____
14. begonnen   _____
15. abgebrochen   _____
16. gelungen   _____
17. gehoben   _____
18. geschwiegen   _____
19. verglichen   _____
20. gestohlen   _____
21. gewogen   _____
22. betrogen   _____
23. gefangen   _____
24. überwiesen   _____
25. verziehen   _____

10 Was haben Sie am letzten Wochenende gemacht? Bilden Sie Sätze.

1. lange schlafen
   Ich habe lange geschlafen.
2. gemütlich frühstücken
3. in Ruhe Zeitung lesen
4. einen Brief schreiben
5. einen Mittagsschlaf machen
6. spazieren gehen
7. zum Abendessen mit Freunden ins Restaurant gehen
8. einen Film im Fernsehen sehen

11 *Haben* oder *sein*: Stellen Sie Fragen im Perfekt.

- viel arbeiten
- mit dem Auto fahren
- etwas Schönes machen
- Zeitung lesen
- Radio hören
- jemandem helfen
- spazieren gehen
- Essen kochen
- schwimmen
- früh aufstehen
- eine Liebeserklärung machen
- Fahrrad fahren

1. *Haben Sie heute viel gearbeitet?*
2. *Sind Sie heute früh aufgestanden?*
3. _____
4. ...

12 Ergänzen Sie die Verben im Perfekt.

1. Franz _hat_ sich um einen Job bei der Post _beworben_ .   bewerben

2. Beeil dich! Der Film _____ vor zehn Minuten _____ .   beginnen

3. Mein Gott, _____ ich jetzt _____ !   erschrecken

4. Wie _____ denn der Mann _____ , mit dem ich   heißen
   dich gestern auf der Party _____ _____ ?   treffen

5. Er _____ sehr lange unter der Trennung von seiner   leiden
   Freundin _____ .

6. Wer _____ das Spiel _____ ? Becker oder Agassi?   gewinnen

7. Ah, meine Brille! Wo _____ du sie denn _____ ?   finden

8. Was _____ du gestern Abend _____ ?   trinken

9. Das ist mein Platz! Hier _____ immer ich _____ .   sitzen

10. In welchem Jahr _____ Mozart _____ ?   sterben

11. Den ganzen Tag hat es geregnet, aber am Abend _____   werden
    es plötzlich wieder schön _____ .

12. Warum _____ Sie mich gestern nicht mehr _____ ?   anrufen

13 Präteritum: Ergänzen Sie die Formen.

1. sie _machte_	machen	10. es _____	regnen
2. du _____	fragen	11. Sie _____	zahlen
3. ich _____	stellen	12. ihr _____	kaufen
4. sie _____	lieben	13. sie (Pl.) _____	holen
5. er _____	arbeiten	14. wir _____	legen
6. ihr _____	warten	15. ich _____	reisen
7. wir _____	reden	16. er _____	hängen
8. sie (Pl.) _____	hoffen	17. du _____	grüßen
9. du _____	lachen	18. Sie _____	kochen

14 Bilden Sie das Präteritum (3. Person Singular) und ordnen Sie es in die Tabelle ein.

	Infinitiv	*mit Vokalwechsel*	*ohne Vokalwechsel*
1.	bieten	er bot	
2.	antworten		er antwortete
3.	bleiben		
4.	stellen		
5.	stehen		
6.	hängen		
7.	machen		
8.	wissen		
9.	nennen		
10.	zählen		
11.	erschrecken		
12.	heben		

15 Ergänzen Sie das Verb im Präteritum.

	Präsens	*Präteritum*	*Perfekt*
1.	Der Unterricht fängt an.	fing an	hat angefangen
2.	Sie bringt mir ein Geschenk.		hat gebracht
3.	Der Arzt verbindet die Wunde.		hat verbunden
4.	Er zieht sich um.		hat sich umgezogen
5.	Die Katze frisst die Maus.		hat gefressen
6.	Der Bus hält hier nicht.		hat gehalten
7.	Sie lädt Sarah zur Party ein.		hat eingeladen
8.	Er läuft schnell.		ist gelaufen
9.	Sie kommt auch.		ist gekommen
10.	Das Baby schreit viel.		hat geschrien
11.	Sie treibt viel Sport.		hat getrieben
12.	Er verzeiht mir die Lüge.		hat verziehen

16 Ergänzen Sie den Infinitiv.

1. stahl   *stehlen*
2. verglich   _____
3. roch   _____
4. sandte   _____
5. zwang   _____
6. warf   _____
7. betrog   _____
8. nahm   _____
9. schwieg   _____
10. fror   _____

17 Bericht: Ergänzen Sie die Verben im Präteritum.

gehen	~~ankommen~~	
nehmen	auspacken	
essen	fahren	gehen
suchen	gehen	
empfehlen	kennen	
duschen	haben	sein

1. Ich _kam_ um 17.13 Uhr am Hauptbahnhof _an_ .
2. Als Erstes _____ ich mir ein Hotel.
3. Da ich keine Hotels in Frankfurt _____ , _____ ich zur Touristeninformation.
4. Dort _____ man mir ein sehr schönes, kleines Hotel im Zentrum.
5. Ich _____ ein Taxi und _____ in das Hotel.
6. Dort _____ ich meine Koffer _____ und _____ .
7. Danach _____ ich ins Restaurant und _____ sehr viel, da ich großen Hunger _____ .
8. Schließlich _____ ich sehr müde und _____ ins Bett.

18 Plusquamperfekt: Ergänzen Sie die Antworten.

1. ▨ Warum mussten Sie noch einmal nach Hause zurückfahren? (meinen Pass vergessen)
   ● *Weil ich meinen Pass vergessen hatte.*

2. ▨ Warum konntest du die Tür nicht aufschließen? (den Schlüssel nicht mitgenommen)
   ● _____
   _____

3. ▨ Warum durftest du nicht mitkommen? (meine Eltern verbieten es)
   ● _____
   _____

4. ▨ Warum mussten Sie gestern so lange im Büro bleiben? (der Chef bitten mich darum)
   ● _____
   _____

5. ▨ Warum konntest du nichts zu essen einkaufen? (die Geschäfte schon geschlossen)
   ● _____
   _____

6. ▨ Warum bist du gestern Abend nicht länger geblieben? (plötzlich müde werden)
   ● _____
   _____

19 Plusquamperfekt: Ergänzen Sie die Verben.

| spülen | beenden | ~~essen~~ | abfahren | aufhören |
| werden | heimgehen | einladen | vergessen | |

1. Als ich gestern Abend nach Hause kam, _hatten_ meine Eltern schon _gegessen_ .
2. Bis wir am Bahnhof ankamen, _____ der Zug schon _____ .
3. Bis ich morgens aufstand, _____ mein Mann bereits das ganze Geschirr von der Party _____ .
4. Ich war am Wochenende in Paris. Eine Freundin _____ mich _____ .
5. Als wir in Bremen ankamen, _____ der Regen schon _____ und es _____ zum Glück auch wärmer _____ .
6. Als ich zur Party kam, _____ die meisten Gäste bereits _____ .
7. Als ich ihn kennenlernte, _____ er schon sein Studium _____ .
8. Inge ging noch schnell einmal nach Hause zurück, weil sie ihre Fahrkarte _____ _____ .

20 Präsens und Perfekt: Schreiben Sie kurze Dialoge.

Britta hat heute alles anders gemacht als sonst. Eine Freundin fragt sie nach ihren Gewohnheiten.

| *normalerweise* | *heute* |

1. mit dem Bus ins Büro fahren
   ■ *Fährst du immer mit dem Bus ins Büro?*

   Auto
   ● *Normalerweise ja, aber heute bin ich mit dem Auto gefahren.*

2. um 7.00 Uhr aufstehen

   8.30 Uhr

3. um 8.30 Uhr mit der Arbeit anfangen

   10.00 Uhr

4. mittags in der Kantine essen

   ein Sandwich im Büro essen

5. um 17.00 Uhr nach Hause fahren

   19.00 Uhr

6. auf dem Rückweg vom Büro einkaufen

   direkt nach Hause fahren

7. abends Freunde treffen

   allein zu Hause bleiben

8. um 23.00 Uhr ins Bett gehen

   22.00 Uhr

21 Präsens, Präteritum oder Perfekt: Ergänzen Sie die Verben.

Der Wettlauf zwischen dem Hasen und dem Igel

Es _____ (sein) an einem schönen Sonntagmorgen im Herbst. Frau Igel _____
(waschen) gerade ihre Kinder und _____ sie _____ (anziehen). Inzwischen
_____ ihr Mann auf dem Feld _____ (spazieren gehen). Er _____ (sein) noch
nicht weit weg, da _____ (treffen) er den Hasen. Er _____ (grüßen) ihn höflich:

5 „Guten Morgen, Meister Lampe!" Aber der Hase, der ein vornehmer und unhöflicher
Herr _____ (sein), _____ (antworten) ihm nicht. Er _____ (sagen) erst nach
einer Weile: „Was _____ (machen) du hier schon so früh am Morgen auf dem
Feld?" – „Ich _____ _____ " (spazieren gehen), _____ (sagen) der Igel. –
„Spazieren?" _____ (lachen) der Hase, „Du mit deinen kleinen, krummen Beinen?"

10 Das _____ (ärgern) den Igel sehr und er _____ (sagen): „_____ (glauben) du,
dass du mit deinen Beinen schneller laufen _____ (können) als ich?" – „Aber
natürlich", _____ (antworten) der Hase. Da _____ der Igel _____
(vorschlagen): „Machen wir doch einen Wettlauf. Ich werde dich überholen!" – „Das
_____ (sein) ja zum Lachen!", _____ (rufen) der Hase. „Du mit deinen krummen

15 Beinen! Aber wir _____ (können) es ja versuchen. Was _____ (bekommen) der
Sieger?" – „Ein Goldstück und eine Flasche Schnaps." – „Gut, _____ wir gleich
_____ (anfangen)!" – „Moment", _____ (sagen) der Igel, „ich _____ (müssen)
erst noch frühstücken. In einer halben Stunde _____ (sein) ich wieder hier."
Als der Igel zu Hause _____ (ankommen), _____ (rufen) er seine Frau und

20 _____ (sagen): „Ich _____ mit dem Hasen um eine Flasche Schnaps und ein

Goldstück _____ (wetten), dass ich schneller laufen _____ (können) als er. Zieh dich schnell an und komm mit." – „Ach du lieber Gott, _____ (sein) du verrückt?" – „Keine Sorge, komm einfach mit."

Unterwegs _____ (sagen) der Igel zu seiner Frau: „Pass gut auf! Wir _____
25 (machen) den Wettlauf auf dem langen Feld. Der Hase _____ (laufen) in der einen Furche, ich _____ (laufen) in der anderen Furche. Da oben _____ wir _____ (anfangen). Stell dich hier unten hin. Wenn der Hase _____ (ankommen), dann _____ (rufen) du: ‚Ich _____ (sein) schon da!'"

Der Igel _____ (gehen) nach oben zum Hasen. „_____ wir _____
30 (anfangen)?" – „Ja, gut." – „Also, eins – zwei – drei", _____ (zählen) der Hase und _____ (rennen) los. Der Igel _____ (machen) nur drei Schritte und _____ (bleiben) dann sitzen. Als der Hase unten _____ (ankommen), _____ (rufen) die Igelfrau: „Ich _____ (sein) schon da!" Der Hase _____ (sein) total überrascht und _____ (rufen): „Noch einmal!" und _____ (rennen) wieder
35 zurück. Als er oben _____ (ankommen), _____ (rufen) der Igelmann: „Ich _____ (sein) schon da!" – „Noch einmal!", _____ (schreien) der Hase und _____ (rennen) wieder los. So _____ (laufen) der Hase noch dreiundsiebzig Mal, und immer _____ (hören) er: „Ich _____ (sein) schon da!"

Beim vierundsiebzigsten Mal _____ (bleiben) der Hase tot liegen. Der Igel
40 _____ (nehmen) das Goldstück und die Flasche Schnaps, _____ (rufen) seine Frau, und beide _____ (gehen) glücklich nach Hause. Und wenn sie nicht _____ _____ (sterben), dann _____ (leben) sie noch heute.

nach einem Märchen der Brüder Grimm

22 Perfekt oder Plusquamperfekt: Ergänzen Sie die Verben.

> Zur Erinnerung: Präsens + Perfekt
> Präteritum + Plusquamperfekt

1. Ich bin heute sehr müde, weil ich letzte Nacht zu wenig
   _____ .   schlafen

2. Sie wollte nicht mit ins Kino, weil sie den Film schon
   letzte Woche _____ .   sehen

3. Er ging so schnell er konnte, aber als er am Bahnhof
   ankam, _____ der Zug gerade _____ .   abfahren

4. Ich möchte jetzt nichts mehr essen, denn ich _____
   vorhin schon etwas _____ .   essen

5. _____ Sie die Post schon _____ ?   abschicken

6. Die Party war ein großer Erfolg. Wir _____ auch alles   vorbereiten
   gut _____ .

23 Zukunft: Bilden Sie Fragen.

1. am – was – du – Wochenende – machen
   Was machst du am Wochenende?

2. heute Abend – Kino – mit mir – du – ins – gehen

3. wie lange – im – du – Sommer – Urlaub machen

4. wann – mich – besuchen – Sie

5. morgen – spazieren gehen – wir

6. Sonntag – wir – am – schwimmen gehen

7. nächstes Jahr – in die – wieder – Sie – fliegen – USA

8. nach der Arbeit – gehen – ins – Café – wir – noch

1.3 Verb
Unregelmäßige Verben

Infinitiv (3. Person Sing.)	Präteritum	Perfekt
abbiegen	bog ab	ist abgebogen
anbieten	bot an	hat angeboten
anfangen (fängt an)	fing an	hat angefangen
backen (bäckt)	backte/buk	hat gebacken
beginnen	begann	hat begonnen
betrügen	betrog	hat betrogen
beweisen	bewies	hat bewiesen
bewerben (bewirbt)	bewarb	hat beworben
bitten	bat	hat gebeten
bleiben	blieb	ist geblieben
braten (brät)	briet	hat gebraten
brechen (bricht)	brach	hat gebrochen
brennen	brannte	hat gebrannt
bringen	brachte	hat gebracht
denken	dachte	hat gedacht
dürfen (darf)	durfte	(hat gedurft/hat ... dürfen)*
empfehlen (empfiehlt)	empfahl	hat empfohlen
entscheiden	entschied	hat entschieden
erschrecken (erschrickt)	erschrak	ist erschrocken
essen (isst)	aß	hat gegessen
fahren (fährt)	fuhr	ist gefahren
fallen (fällt)	fiel	ist gefallen
finden	fand	hat gefunden
fliegen	flog	ist geflogen
fließen	floss	ist geflossen
fressen (frisst)	fraß	hat gefressen
frieren	fror	hat gefroren
geben (gibt)	gab	hat gegeben
gehen	ging	ist gegangen
gelingen	gelang	ist gelungen
gelten (gilt)	galt	hat gegolten
geschehen (geschieht)	geschah	ist geschehen
gewinnen	gewann	hat gewonnen

haben (hat)	hatte	hat gehabt
halten (hält)	hielt	hat gehalten
hängen	hing	hat gehangen
heben	hob	hat gehoben
heißen	hieß	hat geheißen
helfen (hilft)	half	hat geholfen
kennen	kannte	hat gekannt
kommen	kam	ist gekommen
können (kann)	konnte	(hat gekonnt/hat … können)*
laden (lädt)	lud	hat geladen
lassen (lässt)	ließ	hat gelassen
laufen (läuft)	lief	ist gelaufen
leiden	litt	hat gelitten
leihen	lieh	hat geliehen
lesen (liest)	las	hat gelesen
liegen	lag	ist/hat gelegen
messen (misst)	maß	hat gemessen
mögen (mag)	mochte	hat gemocht
müssen (muss)	musste	(hat gemusst/hat … müssen)*
nehmen (nimmt)	nahm	hat genommen
nennen	nannte	hat genannt
raten (rät)	riet	hat geraten
riechen	roch	hat gerochen
rufen	rief	hat gerufen
scheinen	schien	hat geschienen
schieben	schob	hat geschoben
schlafen (schläft)	schlief	hat geschlafen
schlagen (schlägt)	schlug	hat geschlagen
schließen	schloss	hat geschlossen
schneiden	schnitt	hat geschnitten
schreiben	schrieb	hat geschrieben
schreien	schrie	hat geschrien
schweigen	schwieg	hat geschwiegen
schwimmen	schwamm	ist geschwommen
sehen (sieht)	sah	hat gesehen
sein (ist)	war	ist gewesen
senden	sandte	hat gesandt**
	sendete	hat gesendet
singen	sang	hat gesungen

sinken	sank	ist gesunken
sitzen	saß	ist/hat gesessen
sprechen (spricht)	sprach	hat gesprochen
springen	sprang	ist gesprungen
stehen	stand	ist/hat gestanden
stehlen (stiehlt)	stahl	hat gestohlen
steigen	stieg	ist gestiegen
sterben (stirbt)	starb	ist gestorben
streiten	stritt	hat gestritten
tragen (trägt)	trug	hat getragen
treffen (trifft)	traf	hat getroffen
treiben	trieb	hat getrieben
treten (tritt)	trat	hat getreten
trinken	trank	hat getrunken
tun	tat	hat getan
überweisen	überwies	hat überwiesen
verbieten	verbot	hat verboten
verbinden	verband	hat verbunden
vergessen (vergisst)	vergaß	hat vergessen
vergleichen	verglich	hat verglichen
verlieren	verlor	hat verloren
verzeihen	verzieh	hat verziehen
wachsen (wächst)	wuchs	ist gewachsen
waschen (wäscht)	wusch	hat gewaschen
wenden	wandte	hat gewandt**
	wendete	hat gewendet
werden (wird)	wurde	ist geworden
werfen (wirft)	warf	hat geworfen
wiegen	wog	hat gewogen
wissen (weiß)	wusste	hat gewusst
ziehen	zog	hat gezogen
zwingen	zwang	hat gezwungen

* ▶ Seite 15

** *senden*:   Die letzten Nachrichten werden um Mitternacht gesendet. (Radio, Fernsehen)
            Er hat mir einen Brief gesandt. (Post)
  wenden: In dieser Sache wandte er sich an einen Rechtsanwalt.
            Sie hat den Wagen vor dem Haus gewendet.

1.4 Verb
Trennbare und untrennbare Verben

Es gibt Verben ohne Präfix, Verben mit trennbarem Präfix und Verben mit untrennbarem Präfix.	Er *fängt* den Ball. Der Unterricht *fängt* um 9.00 Uhr *an*. Der Unterricht *beginnt* um 9.00 Uhr.

	trennbare Verben	**untrennbare Verben**
	anfangen	**beginnen**
Präsens	ich fange … an	ich beginne …
Präteritum	ich fing … an	ich begann …
Perfekt	ich habe … angefangen	ich habe … begonnen
mit Modalverb	ich möchte … anfangen	ich möchte … beginnen
Frage	Wann fängst du … an? Fängst du … an?	Wann beginnst du …? Beginnst du …?
Imperativ	Fang an!	Beginne!
Infinitiv mit *zu*	Ich denke, bald … anzufangen.	Ich denke, bald … zu beginnen.

Ebenso:

ich fahre … **ab**	ich **beginne**
ich komme … **an**	ich **emp**fehle
ich mache … **auf/zu**	ich **ent**scheide
ich gehe … **aus**	ich **er**zähle
ich arbeite … **zusammen**	ich **ge**falle
ich kaufe … **ein**	ich **miss**verstehe
ich stelle … **fest**	ich **ver**stehe
ich fahre … **hin**	ich **zer**störe

- Verben, die mit folgenden Präfixen beginnen, sind immer untrennbar:

be-	ent-	ge-	ver-
emp-	er-	miss-	zer-

- Verben, die als Präfix ein Wort haben, das auch unabhängig von einem Verb gebraucht werden kann, sind meist trennbar. Die wichtigsten Präfixe sind:

ab-	bei-	hin-	weg-
an-	ein-	los-	zu-
auf-	fest-	mit-	zurück-
aus-	her-	vor-	zusammen-

- Außerdem gibt es Verben mit Präfixen, die sowohl trennbar, als auch untrennbar sind:

durch-	über-	unter-	wider-
hinter-	um-	voll-	wieder-

Ich **steige** in Frankfurt **um**.   konkrete Bedeutung
                                         → trennbar

Wir **wiederholen** die Lektion.   abstrakte Bedeutung
                                         → untrennbar

In der Grundstufe sind folgende Verben dieser Gruppe wichtig:

untrennbar

über-	er überfährt	er überholt
	er überlegt	er übernachtet
	er übernimmt	er überrascht
	er überredet	er übersetzt
	er überweist	er überzeugt
unter-	er unterrichtet	er unterscheidet
	er unterschreibt	er unterstützt
	er untersucht	
wider-	er widerspricht	
wieder-	er wiederholt	

trennbar

um-	er steigt … um	er tauscht … um
	er zieht … um	

▶ Übungen 1–7

1 Präsens: Bilden Sie die 3. Person Singular und ordnen Sie die Verben zu.

weggehen	versuchen
bezahlen	weglaufen
bestellen	zurückgeben
misstrauen	vergleichen
entwickeln	gelingen
mitarbeiten	abfliegen
ausfallen	~~erlauben~~
vorstellen	einschließen
~~zurückschauen~~	

trennbar	untrennbar
er schaut ... zurück	er erlaubt
...	...

2 Präsens: Bilden Sie Sätze.

Was macht eine Hausfrau?

1. das Baby anziehen
   Sie zieht das Baby an.

2. das Frühstück vorbereiten

3. den Tisch abräumen

4. das Geschirr spülen und abtrocknen

5. Lebensmittel einkaufen

6. die Wäsche aufhängen

7. die Tochter vom Kindergarten abholen

8. die Wohnung aufräumen

3 Setzen Sie die Sätze aus Übung 2 ins Perfekt.

Was hat sie den ganzen Tag gemacht?

1. *Sie hat das Baby angezogen.*
   ...

4 Präsens: Bilden Sie Sätze. Verwenden Sie dabei die angegebenen Verben.

1. abfahren   *Der Zug fährt bald ab.*
2. empfehlen
3. zurückkommen
4. abgeben
5. verstehen
6. aufstehen
7. anrufen
8. erlauben
9. entscheiden
10. wegfahren

5 Präsens: Bilden Sie Fragen aus Ihren Sätzen der Übung 4.

1. *Fährt der Zug bald ab?*
...

6 Perfekt: Bilden Sie Sätze.

1. die Haustür – abschließen – er – nicht
   Er hat die Haustür nicht abgeschlossen.
2. das Rauchen – der Arzt – mir – verbieten
3. wann – aufstehen – du – heute?
4. die unregelmäßigen Verben – ihr – wiederholen?
5. sie – im Schlafzimmer – verstecken – ihr ganzes Geld
6. warum – noch nicht – du – dich – umziehen?
7. nach zwei Stunden – der Direktor – beenden – die Diskussion
8. meine kleine Tochter – dieses schöne Glas – zerbrechen – leider
9. Papa – noch nicht – anrufen
10. anfangen – wann – der Film?

7 Welche Verben sind trennbar, welche untrennbar?

1. *Drehen* Sie das Steak nach drei Minuten *um* .   umdrehen
2. Er *versteht* keinen Spaß _____ .   verstehen
3. Bitte _____ Sie doch schon mit dem Essen _____ .   beginnen
4. Wer von euch _____ mit mir nachher die Wohnung _____ ?   aufräumen
5. _____ dir doch eine Pizza beim Pizza-Service _____ .   bestellen
6. Warum _____ du sie nicht _____ ?   anrufen
7. Er _____ immer so lustige Geschichten _____ .   erzählen
8. Sie _____ sich immer erst in letzter Minute _____ .   entscheiden

1.5 Verb
Reflexive Verben

Gebrauch

*Verben, die **nur** reflexiv gebraucht werden*

sich erholen   Ich habe **mich** im Urlaub gut erholt.
                    ↓
                    Akkusativ (einziges Objekt)

sich etwas   Ich habe **mir** diese Entscheidung gut überlegt.
überlegen   ↓   ↓
                              Dativ   Akkusativ

*Verben, die **auch** reflexiv verwendet werden können*

anziehen   Ich ziehe den Mantel an.
                                    ↓
                                Akkusativ

sich anziehen   Ich ziehe **mich** an.
                                  ↓
                              Akkusativ

                    Ich ziehe **mir** einen Pullover an.
                              ↓   ↓
                            Dativ   Akkusativ

Verben, mit denen eine reziproke Beziehung ausgedrückt werden kann

lieben   Er liebt sie und sie liebt ihn.
                    Sie lieben **sich**.

eine reziproke Beziehung, die mit Präposition verwendet wird

                    Er ist glücklich mit ihr und sie ist
                    glücklich mit ihm.
                    Sie sind glücklich **miteinander**.
                                           ↑
                                _____
                                Präposition + *einander*

Das Reflexivpronomen im Satz

Ich habe	**mich**	im Urlaub gut erholt.
Im Urlaub habe ich	**mich**	gut erholt.
Er hat erzählt, dass er	**sich**	im Urlaub gut erholt hat.

wichtige Verben, die reflexiv gebraucht werden

sich amüsieren	Wir haben uns auf der Party gut amüsiert.
sich aufregen	Sie hat sich sehr über ihren Chef aufgeregt.
sich bedanken	Ich möchte mich ganz herzlich für die Blumen bedanken.
sich beeilen	Beeil dich bitte!
sich bemühen	Ich werde mich sehr um diesen Job bemühen.
sich beklagen	Sie beklagt sich immer über alles. Nichts gefällt ihr.
sich beschweren	Er hat sich beim Kellner über das schlechte Essen beschwert.
sich entschließen	Wir haben uns zu einem Kurzurlaub entschlossen.
sich erholen	Habt ihr euch im Urlaub gut erholt?
sich erkälten	Er hat sich beim Radfahren erkältet.
sich erkundigen	Haben Sie sich schon nach einer Zugverbindung erkundigt?
sich freuen	Wir haben uns sehr über Ihren Besuch gefreut.
sich irren	Tut mir Leid, da habe ich mich wohl geirrt.
sich kümmern	Er kümmert sich sehr um seine kranke Frau.
sich verabreden	Wir haben uns für heute Abend verabredet.
sich verabschieden	Einen Moment bitte. Ich muss mich noch verabschieden.
sich verlieben	Sie hat sich schon wieder verliebt.
sich vorstellen	Darf ich mich vorstellen? Ich heiße Peter Kramer.

Formen

	Akkusativ		Dativ	
ich freue	mich	Ich ziehe	mir	eine Jacke an.
du freust	dich	Du ziehst	dir	eine Jacke an.
er, sie, es freut	sich	Er zieht	sich	eine Jacke an.
wir freuen	uns	Wir ziehen	uns	eine Jacke an.
ihr freut	euch	Ihr zieht	euch	eine Jacke an.
sie, Sie freuen	sich	Sie ziehen	sich	eine Jacke an.

Außer der 3. Person Singular und Plural (*sich*) sind die Formen identisch mit dem Personalpronomen.

▶ Übungen 1–3

Zur Erinnerung:
Das Reflexivpronomen steht im Akkusativ, wenn es das einzige Objekt im Satz ist.
▶ Ausnahme: *Verben + Dativ* Seite 195

Ich habe mich im Urlaub gut erholt.
　　　　↓
　　　Akk.

Wenn es zwei Objekte gibt, dann steht die Person im Dativ (= Reflexivpronomen) und die Sache im Akkusativ:

Ich ziehe mir eine Jacke an.
　　　　↓　　↓
　　　Dat.　Akk.

▶ *Valenz der Verben* Seite 194–196

1 Ergänzen Sie das Reflexivpronomen im Akkusativ.

1. Ich ziehe _mich___ aus.
   (sich ausziehen)
2. Sie hat _____ verliebt.
   (sich verlieben)
3. Ich kann _____ nicht erinnern.
   (sich erinnern)
4. Wir haben _____ verlaufen.
   (sich verlaufen)
5. Ihr habt _____ geirrt.
   (sich irren)
6. Sie verstehen _____ sehr gut.
   (sich verstehen)
7. Du wunderst _____ .
   (sich wundern)
8. Er wäscht _____ .
   (sich waschen)
9. Wir treffen _____ heute Abend.
   (sich treffen)
10. Ich habe _____ schon bedankt.
    (sich bedanken)
11. Du hast _____ beschwert.
    (sich beschweren)
12. Habt ihr _____ im Urlaub gut
    erholt?
    (sich erholen)

3 Ergänzen Sie das Reflexivpronomen im Akkusativ oder Dativ.

1. ▪ Warum wäschst du _____
     schon wieder die Haare?
   ● Weil ich heute Abend noch
     ausgehe.
2. ▪ Was ist denn passiert?
   ● Ich habe _____ die linke
     Hand verbrannt.
3. ▪ Zieh _____ bitte um, wir
     müssen gehen.
   ● Was soll ich _____ denn
     anziehen? Den Mantel oder die
     Jacke?
4. ▪ Ich kann _____ deine
     Telefonnummer einfach nicht
     merken.
   ● Dann schreib sie _____ doch
     endlich mal auf.
5. ▪ Ich möchte _____ für meine
     Verspätung entschuldigen.
     Ich habe den Zug verpasst.
   ● Dafür brauchen Sie _____
     doch nicht zu entschuldigen.
     Das kann jedem passieren.
6. ▪ Nehmen Sie _____ doch
     noch etwas Kuchen.
   ● Nein, danke. Ich bin wirklich
     satt.

2 Ergänzen Sie das Reflexivpronomen im Dativ.

1. Ich habe _mir___ das Buch gerade angesehen.
2. Kannst du _____ denn kein besseres Fahrrad leisten?
3. Ich kann _____ nicht vorstellen, dass das richtig ist.
4. Es wird sicher kalt. Zieh _____ lieber noch eine warme Jacke an.
5. Wir machen _____ große Sorgen um unsere Kinder.
6. Habt ihr _____ das auch gut überlegt?
7. Wasch _____ bitte die Hände, sie sind ganz schmutzig.
8. Ich habe _____ sein Fahrrad für ein paar Tage geliehen.

1.6 Verb
Infinitiv

Der Infinitiv hat bei fast allen Verben die Endung -*en* (z. B. *fragen*), nur bei einigen Verben die Endung -*n* (z. B. *sein, tun, erinnern, lächeln*).

▬▬▬ Infinitiv ohne *zu*

in zusammengesetzten Zeitformen (Futur, Konjunktiv II)
Ich werde dich bestimmt besuchen.
Ich würde gern Chinesisch lernen.

mit Modalverben
Ich muss jetzt gehen.
Ich möchte gern segeln lernen.

bei den Verben

	lassen, hören, sehen, fühlen	bleiben, gehen, fahren, helfen, lernen
Präsens	Ich lasse mir die Haare schneiden. Ich höre sie kommen.	Bleiben Sie bitte sitzen! Ich gehe jetzt einkaufen.
Perfekt	,*haben*' + *Infinitiv* + *Infinitiv* Ich habe mir die Haare schneiden lassen. Ich habe sie kommen hören.	,*sein*'/,*haben*' + *Partizip II* Ich bin sitzen geblieben. Ich bin einkaufen gegangen. Ich habe surfen gelernt.

in Aufforderungen
Bitte nicht rauchen!
Fenster schließen!

Infinitiv mit *zu*

Die meisten Verben verlangen den Infinitiv mit *zu*. Dazu
gehören auch Verben, wenn sie in Kombination mit einem
weiteren Verb verwendet werden. Die wichtigsten sind:

anfangen/beginnen	Ich habe angefangen zu lernen.
anbieten	Ich habe ihnen angeboten zu kommen.
aufhören	Es hat aufgehört zu regnen.
beschließen/entscheiden	Wir haben beschlossen zu streiken.
bitten	Ich habe dich nicht gebeten zu helfen.
erlauben	Ich habe dir nicht erlaubt auszugehen*.
sich freuen	Ich freue mich zu kommen.
haben (Angst, Zeit, Lust …)	Ich habe keine Lust zurückzufahren*.
hoffen	Ich hoffe zu gewinnen.
raten	Ich rate Ihnen zu bleiben.
verbieten	Er hat uns verboten zu rauchen.
vergessen	Ich habe vergessen einzukaufen*.
versprechen	Er hat versprochen zu kommen.
versuchen	Er hat versucht zu schlafen.
vorhaben	Ich habe vor zu fahren.
vorschlagen	Ich schlage vor zu warten.

* Bei trennbaren Verben steht *zu* zwischen Präfix und Verb.

▶ Übungen 1–3

▶ Nebensätze mit *um … zu, ohne … zu, anstatt … zu*
Seite 214–216

Infinitiv als Nomen

Aus einem Infinitiv kann man ein Nomen bilden. Diese Nomen
sind alle neutrum.

Ich habe *das Fehlen* des Passes erst am nächsten Tag bemerkt.
Beim Arbeiten am Computer tun mir nach einer Weile die
Augen weh.

1 Infinitiv mit oder ohne *zu*?

1. Du sollst nicht so laut ___ sprechen.
2. Ich hoffe, Sie bald wieder___sehen.
3. Wir haben schon angefangen ___ kochen.
4. Hören Sie ihn schon ___ kommen?
5. Sehen Sie die Kinder auf der Straße ___ spielen?
6. Du sollst leise ___ sein!
7. Er hat mir angeboten, mit seinem Auto ___ fahren.
8. Warum lassen Sie den alten Fernseher nicht ___ reparieren?
9. Wir werden ganz bestimmt ___ kommen.
10. Mein Vater hat mir verboten, mit dir in Urlaub ___ fahren.
11. Ich helfe dir das Geschirr ___ spülen.
12. Setzen Sie sich doch. – Nein danke, ich bleibe lieber ___ stehen.
13. Er hat nie Zeit, länger mit mir ___ sprechen.
14. Ich gehe nicht gern allein ___ schwimmen.

2 Bilden Sie Sätze im Präsens.

1. Ich – sich vornehmen – pünktlich kommen
   Ich nehme mir vor, pünktlich zu kommen.
2. Wir – nächste Woche – Zeit haben – unsere Freunde besuchen
3. Er – nicht wollen – mitkommen
4. Wir – hoffen – ihn – dazu überreden – noch
5. Leider – er – fast nie – Lust haben – reisen
6. Er – würde – am liebsten – immer zu Hause – bleiben
7. Aber – wir – gehen – gern – Kleidung einkaufen – in Paris
8. Ich – weinen – höre – das Baby

3 Ergänzen Sie die Infinitivsätze.

1. Ich habe keine Angst, *in der Nacht im Park spazieren zu gehen.*
2. Ich habe heute keine Lust, _____
3. Es macht mir Spaß, _____
4. Ich gebe mir viel Mühe, _____
5. Ich zwinge niemanden, _____
6. Ich freue mich darauf, _____

1.7 Verb
Imperativ

▶ Konjunktiv II Seite 66–69

Gebrauch

Bitte
Kommen Sie bitte hierher!
Leih mir bitte mal dein Wörterbuch!

Ratschlag
Trink nicht so viel Alkohol!
Geh doch mal wieder schwimmen!

Aufforderung (freundlich)
Setzen Sie sich doch!
Nimm doch noch ein Stück Kuchen!

Aufforderung (unfreundlich)
Macht sofort das Fenster zu!
Geh weg!

Eine Bitte und einen Ratschlag formuliert man höflicher mit dem Konjunktiv II:

Würden Sie bitte hierher kommen?
Könntest du mir bitte mal dein Wörterbuch leihen?
Du solltest nicht so viel Alkohol trinken.
Du solltest mal wieder schwimmen gehen.

▶ *Konjunktiv II* Seite 66–69

Formen

	Präsens	Imperativ
du	du kommst	Komm!
ihr	ihr kommt	Kommt!
Sie	Sie kommen	Kommen Sie!

Besonderheiten	du	ihr	Sie
	haben, sein, werden		
haben	Hab Geduld!	Habt Geduld!	Haben Sie Geduld!
sein	Sei leise!	Seid leise!	Seien Sie leise!
werden	Werd(e) glücklich!	Werdet glücklich!	Werden Sie glücklich!
	unregelmäßige Verben mit Vokalwechsel e/i		
lesen	Lies den Text!	Lest den Text!	Lesen Sie den Text!
essen	Iss langsamer!	Esst langsamer!	Essen Sie langsamer!
	unregelmäßige Verben mit Umlaut ä im Singular		
laufen	Lauf schneller!	Lauft schneller!	Laufen Sie schneller!
fahren	Fahr nach Hause!	Fahrt nach Hause!	Fahren Sie nach Hause!
schlafen	Schlaf nicht so lange!	Schlaft nicht so lange!	Schlafen Sie nicht so lange!
	Verben auf -eln, -ern		
klingeln	Klingle zwei Mal!	Klingelt zwei Mal!	Klingeln Sie zwei Mal!
ändern	Änd(e)re nichts!	Ändert nichts!	Ändern Sie nichts!

▶ Übungen 1–5

1 Bilden Sie Imperativsätze im Singular (*du*) und Plural (*ihr*).

leise sein	das Fenster zumachen	~~den Text vorlesen~~
die Regel aufschreiben	lauter sprechen	das Buch aufschlagen
im Wörterbuch nachsehen	die Bücher schließen	an die Tafel kommen

Was sagt Ihr Lehrer?

du	ihr
Lies den Text vor!	Lest den Text vor!
...	...

2 Ergänzen Sie den Imperativ im Singular oder Plural.

1.	_____ mich doch mal besuchen!	kommen/Singular
2.	_____ keine Angst!	haben/Plural
3.	_____ doch ein bisschen leiser!	sein/Plural
4.	_____ bitte lauter, ich verstehe dich so schlecht!	sprechen
5.	_____ bitte in der Pause die Fenster!	öffnen/Plural
6.	_____ mir bitte mal schnell den Stift dort!	geben/Singular
7.	_____ doch nicht so ungeduldig!	sein/Singular
8.	_____ die Badesachen nicht!	vergessen/Plural
9.	_____ doch Rücksicht auf deine Schwester!	nehmen
10.	_____ mir, wenn ich dich etwas frage!	antworten

3 Trennbare Verben: Ergänzen Sie den Imperativ im Singular (*du*).

1.	_____ bitte das Fenster ___ .	zumachen
2.	_____ doch ___ !	aufpassen
3.	_____ doch nicht immer vor dem Fernseher ___ !	einschlafen
4.	_____ endlich ___ !	anfangen
5.	_____ bitte das Geschirr ___ !	abtrocknen
6.	_____ bitte ___ !	mitkommen
7.	_____ deine Spielsachen ___ !	aufräumen
8.	_____ ihn doch mal zum Abendessen ___ !	einladen
9.	_____ sie bitte vom Kindergarten ___ !	abholen
10.	_____ den roten Pullover ___ !	mitnehmen

4 Reflexive Verben: Ergänzen Sie den Imperativ im Singular, Plural oder mit *Sie*.
▶ *Reflexive Verben* Seite 50–52

1. _____ ein bisschen, der Zug fährt gleich ab!
   (sich beeilen/Plural)

2. _____ bitte nach den Zugverbindungen!
   (sich erkundigen/Sie)

3. _____ endlich!
   (sich entscheiden/Singular)

4. _____ doch! Bald ist Weihnachten!
   (sich freuen/Plural)

5. _____ nicht, ich kann das allein erledigen!
   (sich bemühen/Sie)

6. _____ doch nicht dauernd, anderen Menschen geht es viel
   schlechter als dir!
   (sich beklagen/Singular)

5 Bilden Sie Imperativsätze in der *du*- und *ihr*-Form.

Ratschläge für den Urlaub

1. Lassen Sie Ihre Probleme zu Hause!
   Lass deine Probleme zu Hause!
   Lasst eure Probleme zu Hause!

2. Liegen Sie nie lange ohne Sonnenschutz in der Sonne!

3. Nehmen Sie nicht viel Geld mit an den Strand!

4. Vergessen Sie Ihre Arbeit!

5. Schlafen Sie viel!

6. Erholen Sie sich gut!

1.8 Verb
Passiv

Gebrauch	*Aktiv: die Person, die etwas macht, ist wichtig*
	▪ Was ist denn das für ein Lärm?
	● Die Nachbarn bauen eine Garage.

Passiv: die Aktion, der Vorgang ist wichtig
▪ Was ist denn das für eine Baustelle?
● Hier wird eine neue Autobahn gebaut.

Passivsätze ohne Agens

Hier wird eine neue Autobahn gebaut.

Die Aktion steht im Mittelpunkt der Information. Die Person, die etwas macht (Agens), ist entweder allgemein bekannt, unbekannt oder nicht wichtig für die Information.

(Es wurde dem Verletzten sofort geholfen.)
→ Dem Verletzten wurde sofort geholfen.

Bei Verben mit Dativ kann das Wort *es* an der 1. Position das Subjekt ersetzen. Stilistisch ist ein Satz ohne *es* besser; an der 1. Position steht dann ein anderes Satzglied.

▶ Verben mit Dativ Seite 195

Passivsätze mit Agens

‚von‘ + Dativ
Diese Schauspielerin wurde von allen bewundert.
Die Frau wurde von einem Auto angefahren.

‚durch‘ + Akkusativ
Die Nachricht wurde ihr durch den Boten überbracht.
Der Patient wurde durch eine Operation gerettet.

Der Passivsatz kann auch die Person, die etwas tut, oder die Sache nennen, die Ursache einer Handlung ist. Trotzdem bleibt die Aktion am wichtigsten.
Bei der direkten Person/Ursache steht die Präposition *von*; bei der indirekten Person/Ursache die Präposition *durch*.

61

Formen

Man bildet das Passiv mit *werden* + Partizip II.

Präsens	Hier	wird	eine neue Autobahn	gebaut.
Präteritum		wurde		gebaut.
Perfekt		ist		gebaut worden.
Plusquamperfekt		war		gebaut worden.

▶ Formen von *werden* Seite 11

Passiv mit Modalverb

Präsens	Die Küche	muss	aufgeräumt werden.
Präteritum		musste	

Perfekt und Plusquamperfekt werden in Verbindung mit Modalverben nur selten verwendet.

▶ *Modalverben* Seite 12–15

Passiv im Nebensatz

Präsens	Ich weiß, dass hier eine neue Autobahn	gebaut wird.
Präteritum		gebaut wurde.
Perfekt		gebaut worden ist.
Plusquamperfekt		gebaut worden war.

	mit Modalverb	
Präsens	Ich weiß, dass die Küche	aufgeräumt werden muss.
Präteritum	Ich wusste, dass die Küche	aufgeräumt werden musste.

▶ Übungen 1–10

1 Ergänzen Sie die Formen von *werden.*

1. Hier _wird_ eine Kirche gebaut. (Präsens)
2. Wir _____ nicht gefragt, ob wir mitkommen wollten. (Präteritum)
3. In diesem Restaurant _____ ich immer freundlich bedient _____ (Perfekt)
4. Warum _____ in deiner Firma niemand mehr eingestellt? (Präsens)
5. Hoffentlich _____ ihr nicht in eine andere Abteilung versetzt. (Präsens)
6. Als ich endlich den Supermarkt gefunden hatte, _____ er gerade geschlossen. (Präteritum)
7. In meinem neuen Job _____ ich sehr gut bezahlt. (Präsens)
8. Mein Großvater musste in seinem Leben immer hart arbeiten. Ihm _____ nichts geschenkt. (Präteritum)
9. An der Grenze _____ unser Gepäck genau kontrolliert _____ . (Perfekt)

2 Präsens: Bilden Sie Sätze im Passiv.

Wie zerstören die Menschen die Umwelt?

1. die Natur – schädigen
   Die Natur wird geschädigt.
2. die Flüsse – durch Chemikalien – vergiften
3. die Landschaft – mit Häusern – vollbauen
4. zu viel Müll – es – produzieren
5. die Wälder – zerstören
6. die Rohstoffe – verschwenden

3 Präsens: Formulieren Sie die Sätze von Übung 2 im Passiv mit dem Modalverb *sollen + nicht noch mehr.*

Was fordern die Umweltschützer?

1. *Die Natur soll nicht noch mehr geschädigt werden.*
...

4 Präteritum: Bilden Sie Sätze im Passiv.

1. Meine Wohnung war unordentlich.
   Meine Wohnung musste aufgeräumt werden.
2. Im Text waren noch viele Fehler.
3. Ich habe die Rechnung bekommen.
4. Meine Großeltern sind am Bahnhof angekommen.
5. Der Fahrradfahrer war leicht verletzt.
6. Mein Fernsehapparat war kaputt.
7. Die Papiere waren durcheinander.
8. Das ganze Geschirr war schmutzig.

aufräumen müssen

korrigieren müssen
bezahlen müssen
abholen müssen
ins Krankenhaus bringen müssen
reparieren müssen
ordnen müssen
spülen müssen

5 Ergänzen Sie die Verben im Passiv.

Der Mann _____ bei dem Unfall so

schwer _____ _____ , dass er sofort   verletzen/Plusquamperfekt

in ein Krankenhaus _____ _____   einliefern müssen/Präteritum

_____ . Dort _____ er gründlich   untersuchen/Präteritum

_____ und dabei _____ , dass er   feststellen/Präteritum

sofort _____ _____ _____   operieren müssen/Präsens

Nachdem er drei Wochen im Krankenhaus

_____ _____ _____ ,   behandeln/Plusquamperfekt

_____ er _____ _____ .   entlassen können/Präteritum

Zu Hause _____ er noch einige Wochen   versorgen/Präteritum

von seinem Hausarzt _____ .

6 Was muss hier getan werden? Was darf hier getan werden? Was darf hier nicht getan werden?

1. _Die Baustelle darf nicht betreten werden._

2. _Hier ..._

3. _____

4. _____

5. _____

6. _____

7 Formulieren Sie aus den Sätzen von Übung 6 Nebensätze im Passiv.

1. Ich weiß, dass _die Baustelle nicht betreten werden darf._

...

8 Bilden Sie Nebensätze im Passiv.

1. Man isst in Bayern so viel Schweinefleisch.

    Ich möchte gern wissen, warum *in Bayern so viel Schweinefleisch gegessen wird.*

2. Man schenkt den Kindern Kriegsspielzeug.

3. Man kann die militärische Aufrüstung nicht beenden.

4. Man erzieht die Kinder nicht zu mehr Toleranz.

5. Man achtet die Rechte der Minderheiten nicht.

6. Man muss bei Smog das Auto nicht zu Hause lassen.

9 Ergänzen Sie *von* oder *durch*.

1. Der Frosch wurde _____ der Prinzessin geküsst.

2. _____ das Feuer wurde großer Schaden verursacht.

3. Diese Frage wurde mir noch _____ niemandem gestellt.

4. Die Maus wurde _____ Gift getötet.

5. Der Baum wurde _____ einem Blitz getroffen.

6. Die Qualität der Artikel wurde _____ ein neues Produktionsverfahren sehr verbessert.

10 Perfekt: Bilden Sie Sätze aus den Zeitungsüberschriften.

1. Unfall auf der Autobahn: 8 Menschen schwer verletzt
    Bei einem Unfall auf der Autobahn sind 8 Menschen schwer verletzt worden.

2. Sturm: 4 Autos von umgefallenen Bäumen beschädigt

3. Ferrari nachts im Zentrum gestohlen

4. Neues Schwimmbad von Bürgermeister eröffnet

5. Banküberfall in der Kantstraße

6. Entführtes Kind gefunden

Verb
Konjunktiv II

Gebrauch

höfliche Bitte

Herr Ober,	ich möchte bitte noch ein Bier.
	würden Sie mir bitte die Speisekarte bringen?
	könnten wir bitte noch etwas Brot bekommen?
	ich hätte gern noch einen Kaffee.

Diese Sätze klingen sehr höflich. Man verwendet sie vor allem in *Sie*-Situationen. In *du*-Situationen kann man auch so höflich formulieren:

Hilfst du mir bitte?
Hilfst du mir mal?
Kannst du mir helfen?

Manchmal kommen dieses Ausdrücke auch gleichzeitig vor:

Kannst du mir bitte mal helfen?

irreale Bedingung/Möglichkeit

Gegenwart   ▪   Kommen Sie am Samstag zu meiner Geburtstagsparty?

real   ●   Wenn ich Zeit habe, komme ich gern. Ich rufe Sie morgen an und gebe Ihnen Bescheid. [= vielleicht]

irreal
(= Konjunktiv II)   ●   Vielen Dank für die Einladung. Wenn ich Zeit hätte, würde ich sehr gerne kommen. Aber leider fahre ich am Wochenende weg. [= nein]

Vergangenheit   ▪   Hast du gestern Abend das Spiel Bayern München gegen Werder Bremen gesehen?

real   ●   Ja, natürlich hab' ich es gesehen.

irreal
(= Konjunktiv II)   ●   Nein, leider nicht. Ich musste länger arbeiten. Wenn ich Zeit gehabt hätte, hätte ich es natürlich angeschaut. [= nein]

irrealer Wunsch

Realität   Ich habe kein Geld dabei.

Wunsch   Wenn ich **doch** mein Geld mitgenommen hätte!
Hätte ich **doch** mein Geld mitgenommen!

Ratschlag / Vorschlag

▦   An deiner Stelle würde ich mir vor der langen Fahrt noch
etwas zu essen kaufen.

oder

▦   Du solltest dir vor der langen Fahrt noch etwas zu essen
kaufen.

●   Nein, das ist nicht nötig, ich habe viel gefrühstückt.

▦   Wir haben noch eine halbe Stunde Zeit, bis der Zug
abfährt. Wir könnten doch noch einen Kaffee trinken
gehen.

●   Ja, gute Idee!

Vergleich mit ‚als ob‘

Er ist faul, aber er tut so, als ob er arbeiten würde.

Passiv mit Konjunktiv II

Gegenwart   *würde* + Partizip II
Dieses Haus würde leicht verkauft, wenn der Preis nicht so
hoch wäre.
Realität: Es wird nicht leicht verkauft, weil es zu teuer ist.

Vergangenheit   *wäre* + Partizip II + *worden*
Dieses Haus wäre leicht verkauft worden, wenn der Preis nicht
so hoch gewesen wäre.
Realität: Es ist nicht verkauft worden, weil es zu teuer war.

Konjunktiv II mit Modalverben

Gegenwart   Du solltest mehr schlafen.
Realität: Du siehst müde aus.

Vergangenheit   *Hauptsatz (hätte* + Infinitiv + Infinitiv)
Ich hätte länger schlafen sollen.
Realität: Ich bin zu früh aufgestanden.

Hauptsatz + Nebensatz
Wenn ich heute nicht so früh hätte aufstehen müssen, wäre
ich jetzt nicht so müde.
Realität: Ich bin so müde, weil ich heute so früh aufstehen musste.

Formen

| **Gegenwart** | *bei den meisten Verben ‚würde' + Infinitiv* |

ich	würde	fragen
du	würdest	fragen
er, sie, es	würde	fragen
wir	würden	fragen
ihr	würdet	fragen
sie, Sie	würden	fragen

ohne ‚würde' bei den Grundverben und einigen anderen Verben

Infinitiv	**Konjunktiv II**
haben	ich hätte
sein	ich wäre
werden	ich würde
wollen	ich wollte
sollen	ich sollte
müssen	ich müsste
dürfen	ich dürfte
können	ich könnte
mögen	ich möchte
lassen	ich ließe
kommen	ich käme
gehen	ich ginge
wissen	ich wüsste
brauchen	ich bräuchte
geben	ich gäbe

Vergangenheit — *‚hätte'/‚wäre' + Partizip II*

	im Indikativ *drei Vergangenheitsformen*	*im Konjunktiv II* *eine Vergangenheitsform*
Präteritum	ich kaufte ich kam	ich hätte gekauft ich wäre gekommen
Perfekt	ich habe gekauft ich bin gekommen	
Plusquamperfekt	ich hatte gekauft ich war gekommen	

▶ Übungen 1–21

1 Indikativ Präteritum und Konjunktiv II: Ergänzen Sie die Formen.

1.	haben	du	*hattest*	du	*hättest*
2.	können	sie	_____	sie	_____
3.	müssen	ihr	_____	ihr	_____
4.	sollen	Sie	_____	Sie	_____
5.	werden	er	_____	er	_____
6.	dürfen	wir	_____	wir	_____
7.	wollen	ich	_____	ich	_____
8.	sein	sie (Pl.)	_____	sie (Pl.)	_____
9.	mögen	es	_____	es	_____
10.	gehen	ich	_____	ich	_____
11.	lassen	er	_____	er	_____
12.	geben	es	_____	es	_____
13.	brauchen	du	_____	du	_____
14.	wissen	wir	_____	wir	_____
15.	kommen	ich	_____	ich	_____

2 Ergänzen Sie die Sätze.

1. er – sich Zeit nehmen
   Ich würde mich freuen, *wenn er sich mehr Zeit nehmen würde.*
2. sie (Pl.) – mehr Geduld haben
   Es wäre schön, _____
3. du – mich in Ruhe lassen
   Ich wäre dir dankbar, _____
4. er – mit mir mehr Abende verbringen
   Es wäre toll, _____
5. ich – nicht so viel arbeiten müssen
   Ich wäre froh, _____
6. du – abends früher nach Hause kommen
   Es wäre schön, _____
7. wir – häufiger ins Theater gehen
   Ich würde mich freuen, _____
8. ihr – noch etwas länger bleiben
   Es wäre schön, _____

3 Konjunktiv II: Ergänzen Sie die Vergangenheitsform des Verbs.

1. Wenn er doch _gekommen wäre_ !   kommen
2. Ich _____ das nicht _____ .   tun
3. Wir _____ nie _____ .   mitkommen
4. Sie _____ uns bestimmt nicht _____ .   besuchen
5. Ihr _____ die Straße ohne Stadtplan nie _____ .   finden
6. Sie (Pl.) _____ gern nach Amerika _____ .   fliegen
7. Er _____ sicher mit dir _____ _____ .   spazieren gehen
8. Ich _____ dir das schon noch _____ .   erzählen

4 Schreiben Sie den Brief in der *Sie*-Form und höflicher.

Liebe Angela,

wie geht es dir? Wie ist denn deine neue Arbeitsstelle? Hast du nette Kollegen?

Ich habe eine große Bitte. Du weißt doch, ich bin im Juli und August in Berlin. Ich möchte dort einen Sprachkurs besuchen. Leider weiß ich noch nicht, an welcher Schule, und ich habe noch keine Wohnmöglichkeit. Hilfst du mir?

Vielleicht kannst du mal deine Freunde und Bekannten fragen, ob jemand in dieser Zeit ein Zimmer vermietet. Und fragst du bitte an einigen Sprachschulen in Berlin nach den Preisen und Kursdaten? Kannst du mir vielleicht vorher einige Prospekte schicken? Dann kann ich mich nämlich rechtzeitig an einer Schule anmelden.

Darf ich dich zum Schluss noch um einen anderen Gefallen bitten? Du weißt ja, ich war noch nie in Berlin und komme mit viel Gepäck. Holst du mich bitte am Flughafen ab? Dafür koche ich für dich in Berlin ein typisch brasilianisches Essen.

Vielen Dank für deine Hilfe. Ich freue mich auf unser Wiedersehen in Deutschland.

Viele Grüße   *Benedita*

Schreiben Sie so:

Sehr geehrte Frau Müller,

wie geht es Ihnen? Wie ist denn Ihre neue Arbeitsstelle? Haben Sie nette Kollegen?

Ich hätte eine große Bitte. ...

---

5 Formulieren Sie die Sätze höflicher.

1. Gib mir bitte Feuer. (2 Möglichkeiten)
   Würdest du mir bitte Feuer geben?
   Könntest du mir bitte Feuer geben?
2. Darf ich mir Ihren Bleistift leihen?
3. Halten Sie bitte einen Moment
   meinen Mantel? (2 Möglichkeiten)
4. Sagen Sie mir, wie ich zum Bahnhof
   komme? (2 Möglichkeiten)
5. Kann ich Sie schnell etwas fragen?
6. Geben Sie mir ein Glas Wasser?
   (2 Möglichkeiten)
7. Mach bitte das Fenster zu.
   (2 Möglichkeiten)
8. Darf ich Sie bitten, das Radio leiser
   zu stellen?

7 Bilden Sie Sätze. Beginnen Sie
   jeweils mit: *Ich wäre froh, wenn ich …*

1. so gut Deutsch sprechen können
   wie du
2. eine so große Wohnung haben
   wie ihr
3. Goethe auf Deutsch lesen können
4. jedes Jahr drei Monate Urlaub
   machen können
5. länger bleiben dürfen
6. zu Fuß zur Arbeit gehen können
7. nicht jeden Tag mit dem Auto
   fahren müssen
8. so viel Geduld haben wie Sie

Und Sie? Schreiben Sie 5 Sätze.

6 Welche Sätze gehören zusammen. Ordnen Sie zu.

1. Wenn ich mehr Fremdsprachen könnte,
2. Wenn ich mehr Geld mitgenommen hätte,
3. Ich hätte die Prüfung bestanden,
4. Das Problem wäre gar nicht entstanden,
5. Wenn du nicht so langsam gegangen wärest,
6. Ich wäre gern in dieses Konzert gegangen,

a   wenn Sie mich vorher gefragt hätten.
b   hätten wir den Zug sicher erreicht.
c   wenn es noch Karten gegeben hätte.
d   würde ich dich jetzt zum Essen einladen.
e   hätte ich diesen Job bekommen.
    enn sie mir nicht so schwierige Fragen gestellt hätten.

1	
2	
3	
4	
5	
6	

8 Konjunktiv II: Ergänzen Sie die Verbformen.

Wenn mein Vater der Scheich von Shambala _wäre_ ,	sein
_____ ich in weichen Betten _____ . Ich	schlafen können
_____ den ganzen Tag mit meinen Freundinnen	spielen
_____ und _____ meiner Mutter nicht immer in	brauchen
der Küche zu helfen. Sie _____ viele Angestellte für die	haben
Hausarbeit. Natürlich _____ mich auch ein Chauffeur in	fahren
die Schule _____ , und ich _____ nicht mehr zu	müssen
Fuß gehen. Außerdem _____ ich viele wunderschöne	haben
Kleider. Sicher _____ ich den ganzen Tag machen, was	dürfen
ich will. Aber vielleicht _____ das auch sehr langweilig.	sein
Ich _____ wahrscheinlich nicht mehr mit meinen	dürfen
Freundinnen auf der Straße spielen und _____ immer	müssen
aufpassen, dass ich mich nicht schmutzig mache. Vielleicht	
_____ ein Leben als Prinzessin doch nicht so schön.	sein

9 Was würden Sie machen, wenn …?
Was wäre, wenn …?

1. Wenn ich im Lotto gewinnen würde, würde ich …

2. Wenn ich als Kind bei den Eskimos gelebt hätte, …

3. Wenn Hunde sprechen könnten, …

4. Wenn ich die Königin von England wäre, …

5. Wenn ich nicht so faul wäre, …

6. Wenn ich im letzten Jahrhundert geboren wäre, …

10 Wo würden Sie am liebsten Urlaub machen? Was würden Sie dort tun?

Ich würde nach … fahren. Dort würde ich dann …

11 Ergänzen Sie die Sätze.

Paul ist mit seinem Leben nicht zufrieden.

1. Er ist Automechaniker,
   aber er wäre gern Rennfahrer.
2. Er verdient zu wenig,

   _____
   (mehr verdienen)
3. Er wohnt in Audorf,

   _____
   (Hamburg)
4. Er muss früh aufstehen,

   _____
   (lange schlafen)
5. Er hat nur einen Kleinwagen,

   _____
   (Ferrari)
6. Er arbeitet in einer kleinen Firma,

   _____
   (in einer großen Firma arbeiten)

12 Bilden Sie Wunschsätze.

Sie haben mit 17 Jahren bei einem Preisausschreiben ein tolles Auto gewonnen. Was wünschen Sie sich?

Wenn ich doch schon meinen Führerschein hätte!
Hätte ich doch schon meinen Führerschein!

1. Sie haben in der Nacht die letzte U-Bahn verpasst.
2. Ihr Traummann/Ihre Traumfrau lädt Sie zum Abendessen ein.
3. Sie landen mit Ihrer Deutschlehrerin nach einem Schiffsunglück auf einer einsamen Insel.
4. Sie bleiben im Lift eines Hochhauses stecken.

13 Hinterher wissen wir immer alles besser!

1. Sie stehen mit dem Auto im Stau. (U-Bahn fahren)
   Wäre ich doch mit der U-Bahn gefahren!
2. Sie hatten einen Ehekrach. (nie heiraten)
3. Das Hotel ist sehr schlecht. (besseres Hotel buchen)
4. Du hast eine Erkältung bekommen. (wärmer anziehen)
5. Sie haben Ihren Zug verpasst. (früher aufstehen)
6. Sie machen einen Spaziergang. Plötzlich beginnt es zu regnen. (Regenschirm mitnehmen)

14 Ergänzen Sie die Sätze.

Petra möchte ihr Aussehen verändern und bittet ihre Freundin Anna um Rat. Was sagt Anna? Beginnen Sie mit:

An deiner Stelle würde ich ...
Du könntest doch ...
Vielleicht solltest du ...
Du müsstest mal ...

1. *Du müsstest mal zu einem besseren Frisör gehen.*
2. Schmuck tragen
3. einen Minirock anziehen
4. lebendige Farben tragen
5. modische Schuhe anziehen
6. ein bisschen Make-up benutzen

Was würden Sie Petra raten?
Schreiben Sie einen kurzen Text.
An ihrer Stelle würde ich .... . Außerdem ...

15 Die ideale Schule.

Was würden Sie anders machen, wenn
Sie Direktor Ihrer Schule wären?
Machen Sie Vorschläge.

*Wenn ich Direktor dieser Schule wäre,
würde ich in jeder Pause Getränke
servieren.*
oder
*An seiner Stelle würde ich in jeder
Pause Getränke servieren.*

16 Telefonaktion bei Radio Weltweit:
Psychologen geben Tipps.

Herr A:
Meine Freundin hat mich drei
Wochen vor der Hochzeit verlassen.
Ich bin so unglücklich und kann
an nichts anderes mehr denken.
Das Leben hat keinen Sinn mehr
für mich.

Herr Dr. Schlau antwortet:
An Ihrer Stelle wäre ich froh, dass
Ihnen das vor der Hochzeit und
nicht danach passiert ist. Sie sollten
jetzt vielleicht eine Reise machen
mit einem guten Freund, damit
sie wieder auf andere Gedanken
kommen.

Jetzt sind Sie die Psychologin/der Psychologe. Geben Sie den Personen Tipps.
Benutzen Sie auch: *An Ihrer Stelle … / Sie sollten … / Sie könnten … / Sie müssten …*

1. *Britta (16 Jahre):* Jeden Tag auf dem Weg zur Schule treffe ich im Zug einen sehr
   gut aussehenden Jungen. Er schaut mich immer an, aber er sagt nie etwas zu
   mir. Wie kann ich mit ihm in Kontakt kommen?

2. *Frau B. (60 Jahre):* Ich lebe allein, seit mein Mann vor ein paar Jahren plötzlich
   gestorben ist. Leider habe ich nur wenig Bekannte und bin sehr einsam. Wie
   kann ich in meinem Alter andere Menschen kennen lernen?

3. *Hans (16 Jahre):* Ich will mit der Schule aufhören, weil ich endlich eine
   Ausbildung als Automechaniker anfangen möchte. Meine Eltern erlauben das
   nicht und wollen mich zwingen, weiter zur Schule zu gehen und das Abitur zu
   machen. Wie kann ich sie überzeugen?

17 Ergänzen Sie die Sätze.

Heinrich möchte allen Frauen gefallen. Er tut immer so, als ob er der tollste
Typ der Welt wäre, aber in Wirklichkeit ist er ganz anders.

1. Er hat nie Geld.   *Aber er tut so, als ob er viel Geld hätte.*
2. Er kann nicht kochen.   _____
3. Er ist ziemlich ängstlich.   _____
4. Er ist nicht besonders intelligent.   _____
5. Er ist normalerweise unhöflich.   _____
6. Er hat wenig Freunde.   _____

18 Ergänzen Sie die Sätze.

1. Es sieht so aus, *als ob es bald*   bald regnen
   regnen würde.
2. Du siehst so aus, …   die ganze Nacht nicht geschlafen
3. Es sieht so aus, …   wir müssen die Grammatik wiederholen
4. Sie sieht so aus, …   abgenommen haben
5. Die Kleine sieht so aus, …   krank sein
6. Du siehst so aus, …   müde sein

19 Ergänzen Sie *würde, hätte, wäre* in der richtigen Form.

1. _Würden_ Sie mir bitte einen Gefallen tun? Sagen Sie Herrn Fischer, dass ich
   morgen etwas später komme.
2. _____ Sie einen Moment Zeit für mich? Ich _____ gern etwas mit
   Ihnen besprechen.
3. Wie _____ es, wenn wir nach dem Theater noch ein Glas Wein zusammen
   trinken _____ ?
4. Mein Sohn _____ auch sehr gern mitgekommen. Aber leider ist er sehr
   erkältet.
5. Ich _____ noch eine Bitte. _____ Sie mich bitte kurz anrufen, wenn
   Herr Wagner zurück ist?
6. Das _____ du doch nicht allein machen müssen! Ich _____ dir schon
   geholfen.
7. Ich _____ dann gegen acht Uhr bei Ihnen. Ist Ihnen das recht?
8. _____ ihr mir bitte helfen?

20 Konjunktiv II oder Indikativ: Ergänzen Sie die Verben.

1. Ich würde dir helfen, wenn ich Zeit _____ .

2. An Ihrer Stelle _____ ich es mir nochmal überlegen.

3. Wenn du Zeit _____ , komm doch mit!

4. _____ ich doch nichts gesagt!

5. Sie _____ etwas früher kommen sollen.

6. Es _____ besser, wenn Sie ihn mal anrufen _____ .

7. Was _____ geschehen, wenn sie ‚ja‘ gesagt _____ ?

8. Wenn er krank _____ , kann er nicht mitkommen.

9. Was _____ du machen, wenn du jetzt nicht in Deutschland _____ ?

10. Hättest du das auch getan? – Nein, das _____ ich wirklich nie getan!

21 Welche Sätze gehören zusammen? Ordnen Sie zu.

1	2	3	4	5	6	7	8

1. Du siehst müde aus.
2. Wenn Sie noch Fragen haben,
3. Ich würde mich sehr freuen,
4. Der neue Film von Spielberg ist super!
5. Papa, warum muss ich jetzt schon ins Bett?
6. Wenn ich könnte,
7. Soll ich den Brief gleich zur Post bringen?
8. Er tut nur so,

a Oh ja, das wäre sehr nett!
b als ob er nichts verstanden hätte.
c Weil wir morgen früh aufstehen müssen.
d Vielleicht solltest du ins Bett gehen.
e rufen Sie mich einfach an.
f Den solltest du dir auch anschauen.
g wenn Ihre Frau auch mitkäme.
h würde ich jetzt auch gern in Urlaub fahren.

1.10 Verb
Indirekte Rede

In der gesprochenen Sprache wird die indirekte Rede meist im Indikativ ausgedrückt.
In offiziellen Texten, besonders oft in Zeitungstexten, findet man jedoch häufig den Konjunktiv I in der indirekten Rede.

	wörtliche Rede	*indirekte Rede*
Indikativ	„Ich habe heute keine Zeit."	Er sagt, dass er heute keine Zeit hat.
Konjunktiv I	„Ich nehme an der Konferenz teil."	Der Politiker sagte, er nehme an der Konferenz teil.
	„Ich bin mit den Ergebnissen zufrieden."	Der Politiker sagte, er sei mit den Ergebnissen zufrieden.
	„Ich habe das nicht gewusst."	Der Politiker sagte, er habe das nicht gewusst.

Ist die Verbform im Konjunktiv I identisch mit dem Indikativ, so verwendet man die Formen des Konjunktiv II.

weitere Merkmale der indirekten Rede

- Am Anfang steht immer ein Satz mit einem Verb des Sagens (*sagen, meinen, behaupten, berichten, erzählen, fragen* …).

- Danach folgt ein *dass*-Satz (Verb am Ende) oder ein weiterer Hauptsatz (Verb in zweiter Position).

- Das Personalpronomen der wörtlichen Rede ändert sich in der indirekten Rede (ich → er/sie; wir → sie; Sie → ich/wir).

- Fragesätze:
wörtliche Rede	*indirekte Rede*
„Wann kommst du?"	Sie hat gefragt, wann ich komme.
„Kommst du heute?"	Sie hat gefragt, ob ich heute komme.

▶ *Fragesätze* Seite 144, 201, 209

1.11 Verb
Verben mit Präpositionen

■ *Worüber* regst du dich denn so auf?
● *Über* mein Auto. Es geht schon wieder nicht.
■ *Darüber* brauchst du dich doch wirklich nicht so
aufzuregen. Vielleicht kann dir mein Mann helfen.
Er versteht viel *von* Autos.

Übersicht

Dativ	Akkusativ	Wechselpräpositionen
aus	durch	in
bei	für	an
mit	gegen	auf
nach	ohne	unter
seit	um	über
von		vor
zu		hinter
		neben
		zwischen

Dativ

Ich diskutiere gern *mit* meinem Lehrer.
Ich gratuliere dir ganz herzlich *zum* Geburtstag.

Akkusativ

Ich interessiere mich sehr *für* die deutsche Literatur.
Er kümmert sich jeden Tag *um* seine kranken Eltern.

Nach Wechselpräpositionen muss der Kasus mitgelernt werden:

Ich denke *an* dich.   *denken an* + Akk.
Er leidet *an* einer schweren Krankheit.   *leiden an* + Dat.

Mit Nomen / Pronomen

Person (Präposition + Pronomen)
- *Auf wen* wartest du denn?
- Auf Franz.
- Ich warte auch schon seit zwei Stunden *auf ihn.*

Sache (‚wo-‘/‚da-‘ + Präposition)
- *Worüber* sprecht ihr gerade?
- Über den Film gestern Abend.
- Den habe ich auch gesehen. *Darüber* wollte ich auch mit euch sprechen.

Mit Infinitiv- und Nebensatz

‚da-‘ + Präposition verweist auf den nachfolgenden Nebensatz
- Warum bist du denn so nervös?
- Ach, ich freue mich so sehr *darauf,* meinen Freund endlich wiederzusehen. Er kommt am nächsten Wochenende.

- Wo warst du denn gestern Abend?
- Oh, entschuldige bitte! Ich habe nicht mehr *daran* gedacht, dass wir uns ja treffen wollten. Das tut mir wirklich Leid.

‚da-‘ + Präposition verweist auf den vorangegangenen Satz/Text
- Am nächsten Wochenende bekomme ich Besuch. Ich freue mich schon so sehr *darauf.*

▶ *Präpositionen* Seite 160

Liste der wichtigsten Verben mit Präpositionen

abhängig sein	von	Er ist noch finanziell abhängig von seinen Eltern.
es hängt ab	von	Es hängt vom Wetter ab, ob wir morgen Ski fahren oder nicht.
achten	auf + Akk.	Achten Sie bitte auf die Stufen!
anfangen	mit	Wir fangen jetzt mit dem Essen an.
sich ärgern	über + Akk.	Ich ärgere mich immer über die laute Musik meines Nachbarn.
aufhören	mit	Hör jetzt bitte mit dem Lärm auf!
aufpassen	auf + Akk.	Könnten Sie bitte einen Moment auf mein Gepäck aufpassen?
sich aufregen	über + Akk.	Sie hat sich sehr über diese schlechten Nachrichten aufgeregt.
sich bedanken	bei für	Hast du dich schon bei Oma für das Geschenk bedankt?
beginnen	mit	Wir beginnen jetzt mit dem Unterricht.
sich bemühen	um	Er bemüht sich um einen Studienplatz in den USA.
berichten	über + Akk.	Um 17 Uhr berichten wir wieder über das Fußballspiel.
sich beschäftigen	mit	Er beschäftigt sich sehr viel mit seinen Kindern.
sich beschweren	bei über + Akk.	Ich habe mich beim Kellner über das kalte Essen beschwert.
bestehen	aus	Diese Geschichte besteht aus zwei Teilen.
sich bewerben	um	Er hat sich um eine Arbeit bei Siemens beworben.
sich beziehen	auf + Akk.	Ich beziehe mich auf unser Telefongespräch vom 12.4.
jdn. bitten	um	Ich bitte dich um einen Rat.
jdm. danken	für	Ich danke Ihnen für die schönen Blumen.
denken	an + Akk. über + Akk.	Ich denke immer nur an dich. Was denken Sie über die deutsche Außenpolitik?
diskutieren	mit über + Akk.	Mit Hans diskutiere ich immer über Politik.

81

jdn. einladen	zu	Ich lade Sie zu meiner Geburtstagsparty am Samstag ein.
sich entscheiden	für	Ich habe mich für diesen Pullover entschieden.
sich entschuldigen	bei für	Sie hat sich bei ihrer Kollegin für den Irrtum entschuldigt.
sich erholen	von	Ich habe mich noch nicht von dieser Krankheit erholt.
sich erinnern	an + Akk.	Ich erinnere mich gern an meine Kindheit.
jdn. erinnern	an + Akk.	Erinnern Sie mich bitte an meine Tasche. Sie liegt hier.
jdn. erkennen	an + Dat.	Ich habe dich an der Stimme erkannt.
sich erkundigen	bei nach	Sie hat sich beim Passanten nach dem Weg erkundigt.
erzählen	von	Erzählen Sie mir ein bisschen von Ihrer Reise.
jdn. fragen	nach	Fragen Sie doch den Polizisten dort nach dem Weg.
sich freuen	auf + Akk.	Ich freue mich auf meinen Urlaub nächste Woche.
	über + Akk.	Wir haben uns sehr über euren Besuch gefreut.
gehören	zu	Dies gehört nicht zu meinen Aufgaben.
sich gewöhnen	an + Akk.	Langsam gewöhne ich mich an das feuchte Klima hier.
gratulieren	zu	Ich gratuliere dir herzlich zum Geburtstag.
jdn. halten	für	Ich halte ihn für einen guten Menschen.
etwas halten	von	Ich halte nichts von diesem Vorschlag.
hoffen	auf + Akk.	Wir hoffen auf besseres Wetter.
sich interessieren	für	Ich interessiere mich sehr für Philosophie.
klagen	über + Akk.	Er klagt oft über Kopfschmerzen. Er sollte mal zum Arzt gehen.
sich konzentrieren	auf + Akk.	Ich kann mich heute nicht auf meine Arbeit konzentrieren.
sich kümmern	um	Sie kümmert sich immer sehr um ihre Gäste.
lachen	über + Akk.	Warum lachst du über diesen dummen Witz?

leiden	an + Dat.	Er leidet an Bluthochdruck.
	unter + Dat.	Ich leide sehr unter dem Lärm der Baustelle nebenan.
nachdenken	über + Akk.	Ich werde über Ihren Vorschlag nachdenken.
protestieren	gegen	Die Angestellten protestieren gegen die Entlassungen.
riechen	nach	Hier riecht es nach Essen.
schmecken	nach	Die Suppe schmeckt nach nichts.
schreiben	an + Akk.	Ich schreibe gerade einen Brief an meine Freundin.
	über + Akk.	Er schreibt einen Artikel über das Konzert gestern Abend.
sich schützen	vor + Dat.	Mit dieser Creme schütze ich mich vor Sonnenbrand.
	gegen	Wie kann man sich gegen Malaria schützen?
sorgen	für	Er sorgt für seine alte Mutter.
sprechen	mit	Ich muss noch einmal mit dir über deine Pläne sprechen.
	über + Akk.	
sterben	an + Dat.	Er ist an Krebs gestorben.
streiken	für	Die Arbeiter streiken für höhere Löhne.
streiten	mit	Er streitet ständig mit seinem kleinen Bruder.
sich streiten	um	Die Kinder streiten sich um die Spielsachen.
	über + Akk.	Wir streiten uns immer über Politik.
teilnehmen	an + Dat.	Wie viel Leute haben an dem Kurs teilgenommen?
träumen	von	Ich habe in der letzten Nacht von wilden Tieren geträumt.
jdn. überreden	zu	Mein Freund hat mich zu diesem Ausflug überredet.
jdn. überzeugen	von	Du musst den Personalchef von deinen Fähigkeiten überzeugen.
sich unterhalten	mit	Sie hat sich mit mir nur über Mode unterhalten.
	über + Akk.	
sich verabreden	mit	Wann hast du dich mit Andrea verabredet?
sich verlassen	auf + Akk.	Kannst du dich auf deine Freundin verlassen?

sich verlieben	in + Akk.	Ich habe mich in ihn verliebt.
etwas verstehen	von	Ich verstehe nichts von Autos.
sich vorbereiten	auf + Akk.	Ich muss mich noch auf die Konferenz morgen vorbereiten.
warten	auf + Akk.	Wir warten seit Tagen auf einen Brief von ihr.
sich wenden	an + Akk.	Wenden Sie sich doch bitte an die Dame an der Rezeption.
sich wundern	über + Akk.	Ich wundere mich immer wieder über den technischen Fortschritt.
zweifeln	an + Dat.	Die Polizei zweifelt an seiner Aussage.

Einige Verben können mit und ohne Präposition benutzt werden:

◼ Was machst du denn gerade?
⬤ Ich schreibe meinen Eltern einen Brief.
oder
⬤ Ich schreibe einen Brief an meine Eltern.

Hinweis:
auf, über: immer mit Akkusativ
an, unter, vor, in: meist mit Akkusativ

▶ Übungen 1–14

1 Welche Sätze gehören zusammen?
Ordnen Sie zu.

1	
2	
3	
4	
5	
6	

1. Ich freue mich   a   über seinen Chef.

2. Otto ärgert sich   b   für die Blumen.

3. Mein Großvater leidet   c   für Sport.

4. Ich danke Ihnen   d   auf die Ferien.

5. Meine Freundin bittet mich   e   unter der Hitze.

6. Er interessiert sich nicht   f   um einen Rat.

2 Bilden Sie Sätze.

1. habe – gestern – Brief – ich – meine – an – geschrieben – Eltern – einen

2. einem – Anna – hat – Skikurs – teilgenommen – an

3. sie – Kinder – für – sehr – sorgt – gut – ihre

4. ich – leider – nichts – von – verstehe – Physik

5. ist – er – seinen – finanziell – Eltern – abhängig – noch – von

6. aufgeregt – Arbeit – er – über – sehr – sich – hat – seine

3 Ergänzen Sie die Präposition und – wo nötig – den Artikel.

1. Wann fangen wir endlich _____ Essen an?

2. Wir warten noch _____ Onkel Max.

3. Was, du hast auch Onkel Max _____ Geburtstagsessen eingeladen?

4. Ja, er hat mich heute früh angerufen und mir gratuliert. Du wolltest doch
sowieso noch mit ihm _____ unsere Reise nach Indien sprechen, oder?

5. Anna, was hältst du übrigens _____ meinem neuen Geschirr? Es ist ein
Geschenk von meinen Eltern.

6. Tja, es ist wirklich sehr modern. Ich muss mich erst _____ vielen
Farben gewöhnen.

4 Ergänzen Sie die Präpositionen.

daran	nach	wovon
an	an	darauf
dazu	mit	für	aus

1. Wir könnten doch den Polizisten dort _____ dem Weg zur Kathedrale fragen.

2. Kannst du ihn nicht _____ überreden, ins Theater mitzukommen?

3. Wenn Sie noch Fragen haben, wenden Sie sich bitte _____ meinen Assistenten.

4. Wann können wir _____ der Besprechung beginnen?

5. Leider habe ich die Prüfung nicht bestanden. Ich habe mich nicht gründlich genug _____ vorbereitet.

6. Mein Großvater ist _____ Krebs gestorben.

7. Er ist zwar sehr streng, aber trotzdem halte ich ihn _____ einen guten Chef.

8. _____ hast du letzte Nacht geträumt?

9. Würden Sie mich bitte _____ erinnern, dass ich nachher diese Tasche mitnehme?

10. Die Prüfung besteht _____ zwei Teilen: Grammatik und schriftlicher Ausdruck.

5 Unterstreichen Sie die richtige Präposition.

1. Er bewirbt sich auf/für/um eine Arbeit bei Siemens.

2. Mit diesem Schreiben beziehe ich mich auf/nach/über Ihren Brief vom 12.5.

3. Wir müssen uns alle zusammen für/mit/um eine Lösung dieses Problems bemühen.

4. Die Arbeiter protestieren mit/gegen/für die schlechten Arbeitsbedingungen.

5. Wie kann man sich am besten vor/bei/gegen einer Erkältung schützen?

6. Da kommt er ja endlich! Ich erkenne ihn von/an/bei seiner Stimme.

7. Hör endlich mit/über/von diesem Lärm auf! Ich muss arbeiten.

8. Hast du dich wenigstens mit/an/bei Onkel Fritz um/für/über deine Verspätung entschuldigt?

6 Antworten Sie.

1. Womit beschäftigen Sie sich im Urlaub am liebsten?
   Mit Sport und Lesen.

2. Worüber würden Sie gern ein Buch schreiben?

3. Mit wem würden Sie sich nie zum Essen verabreden?

4. Woran zweifeln Sie nie/oft?

5. Wovon sind Sie abhängig?

6. Worüber/Über wen regen Sie sich oft auf?

7. Worüber denken Sie zur Zeit viel nach?

8. Mit wem haben Sie in ihrem Leben am meisten gestritten?

7 Ergänzen Sie die Präpositionen.

1. sich freuen _über_ / _auf_
   Schön, dass du da warst! Ich habe
   mich sehr _über_ deinen Besuch
   gefreut.
   Mein Gott, diese Arbeit! Ich freue
   mich so _auf_ meinen Urlaub!

2. sich bedanken _____ / _____
   Hast du dich _____ Oma _____
   die Schokolade bedankt?

3. leiden _____ / _____
   Sie leidet _____ starken
   Depressionen.
   Die Reise nach Brasilien war
   wunderschön, aber wir haben sehr
   _____ der Hitze gelitten.

4. sich streiten _____ / _____
   Warum müsst ihr euch denn bei
   jeder Gelegenheit _____ Politik
   streiten?
   Sie sind furchtbar. Sie streiten sich
   ständig _____ Geld.

5. sich unterhalten _____ / _____
   Entschuldigen Sie bitte, dass ich
   mich verspätet habe. Ich habe mich
   noch _____ Frau Schiller _____
   etwas sehr Wichtiges unterhalten
   und dabei ganz vergessen, auf die
   Uhr zu schauen.

6. denken _____ / _____
   Was denken Sie _____ meinen
   Aufsatz? Ist er besser als der letzte?
   Du hörst mir ja gar nicht zu! Denkst
   du nur noch _____ deinen neuen
   Freund?

8 Ergänzen Sie die Fragen
und antworten Sie.

1. _Über wen_ / _Worüber_ lacht ihr? –
   …
   (2 Möglichkeiten)

2. _____ welchen deiner Freunde
   kannst du dich wirklich verlassen? –
   …

3. _____ riecht es hier so? – …

4. _____ / _____ streitet ihr
   euch schon wieder? – …
   (2 Möglichkeiten)

5. _____ kann ich mich mit diesem
   Problem wenden? – …

6. _____ hast du dich heute Abend
   verabredet? – …

7. _____ achten Sie am meisten,
   wenn Sie eine Reise buchen? – …

8. _____ diskutiert ihr denn? – …

9. _____ hängt es ab, ob du
   mitkommst oder nicht? – …

10. _____ möchten Sie mir denn
    danken? – …

11. _____ haben Sie sich denn jetzt
    entschieden? – …

12. _____ hältst du nichts? – …

9 Präposition, *da-* und *wo-*:
Ergänzen Sie die Sätze.

1. ▨ Maria hat mir versprochen,
   dass sie sich _um_ meinen
   Hund kümmert, wenn ich im
   Krankenhaus bin. Glaubst du,
   ich kann mich _darauf_ / _auf sie_
   verlassen? (2 Möglichkeiten)
   ● Na klar, _____ Maria kann
   man sich immer verlassen. Sie
   gehört _____ den Menschen,
   die ihr Versprechen immer
   halten.

2. ▨ Was denkst du _____ unseren
   neuen Chef?
   ● Ich finde ihn sehr nett und
   kooperativ. Wir haben gestern
   lange _____ ihm _____
   unsere Arbeitsbedingungen
   diskutiert, und wir konnten ihn
   _____ überzeugen, dass man
   in Zukunft einiges in dieser
   Firma ändern muss.

3. ▨ _____ lachst du?
   ● Ich habe gerade _____ den
   Film gestern Abend im
   Fernsehen gedacht. Ich weiß
   nicht mehr, wie er hieß.
   ▨ Meinst du den, wo sich die
   Großmutter _____ ihren viel
   jüngeren griechischen Nachbarn
   verliebt hat und dann _____
   einem Griechischkurs
   teilnimmt?
   ● Ja genau, den meine ich.

4. ▨ _____ warten Sie?
   ● _____ einen Anruf vom Chef.
   ▨ _____ brauchen Sie nicht zu
   warten. Der ist jetzt in einer
   Besprechung.

5. ▨ Du schaust jetzt schon seit
   mindestens zehn Minuten aus
   dem Fenster. _____ träumst
   du denn?
   ● Ach, ich denke _____ unseren
   Urlaub diesen Sommer.
   ▨ Wohin fahrt ihr denn?
   ● Wir haben uns immer noch nicht
   entschieden. Ich versuche
   immer noch, Max _____ zu
   überreden, dass wir in die
   Karibik fliegen, denn ich leide
   sehr _____ dem langen
   Winter hier in Deutschland.

6. ▨ Denk _____ , dass du dich
   noch _____ Oma _____ das
   Geburtstagsgeschenk bedanken
   musst.
   ● _____ brauch' ich mich nicht
   extra zu bedanken. Sie hat doch
   gesehen, wie sehr ich mich
   _____ gefreut habe.
   ▨ Trotzdem hofft sie sicher
   wenigstens _____ eine
   Karte von dir.
   ● Na gut, wenn sie sich _____
   freut, dann schreib' ich ihr eben
   eine.

10 Ergänzen Sie die Sätze.

Sehr geehrter Herr Dr. Forster,

im Juli/August habe ich _____ einem Sprachkurs an Ihrer Schule teilgenommen.
Mit dem Unterricht und der Lehrerin (ich kann mich leider nicht mehr _____
ihren Familiennamen erinnern) war ich sehr zufrieden, wir haben viel bei ihr gelernt.
_____ habe ich mich schon persönlich _____ ihr bedankt.
Aber leider muss ich mich wegen einer anderen Sache _____ Ihnen beschweren.
Ich hatte Ihre Sekretärin _____ gebeten, mir ein Zimmer in einer deutschen
Familie zu besorgen, damit ich möglichst viel Deutsch sprechen kann. Nur hat sich
leider niemand in dieser Familie _____ mich gekümmert oder sich _____
mich interessiert. Sie haben so getan, als ob ich gar nicht da wäre und fast nie
_____ mir gesprochen. An einem Abend habe ich extra gekocht und sie
_____ Essen eingeladen, aber auch dabei hatte ich das Gefühl, dass sie sich
nicht wirklich _____ mir unterhalten wollten. Nach drei Wochen hatte ich mich
_____ dieses Verhalten gewöhnt und mich nicht mehr _____ gewundert.
Ich habe lange _____ nachgedacht, ob ich Ihnen _____ erzählen soll, aber im
Interesse zukünftiger Kursteilnehmer würde ich Ihnen empfehlen, diese Familie nicht
mehr zu vermitteln.
Ansonsten denke ich noch oft und sehr gern _____ diese zwei Monate in
Bremen und werde wahrscheinlich im nächsten Sommer wiederkommen.
Mit freundlichen Grüßen
                            Véronique Dupont

11 Ergänzen Sie die Sätze.

1. ▪ _____ ärgerst du dich?
   ● Ich ärgere mich _____ , dass …
2. ▪ _____ freut er sich denn so?
   ● Er freut sich _____ , dass …
3. ▪ _____ wollten wir noch sprechen?
   ● Wir wollten noch _____ sprechen, wie …
4. ▪ _____ hat sie sich denn beim Chef beschwert?
   ● Sie hat sich _____ beschwert, dass …
5. ▪ _____ hast du dich nun entschieden? Kommst du mit oder nicht?
   ● Ich habe mich _____ entschieden … (Infinitiv!)
6. ▪ _____ habt ihr euch denn gestern Abend so lange unterhalten?
   ● Wir haben uns _____ unterhalten, dass du immer …

12 Stellen Sie Fragen.

1. ▪ *Worauf freust du dich denn so?*
   (sich freuen)
   ● Auf das nächste Wochenende.

2. ▪ ... (schreiben)
   ● An meine Freundin.

3. ▪ ... (diskutieren)
   ● Über Sport.

4. ▪ ... (sich gewöhnen)
   ● An diese schreckliche Hitze.

5. ▪ ... (nachdenken)
   ● Über meine Prüfung morgen.

6. ▪ ... (sich entschuldigen)
   ● Für meine Verspätung.

7. ▪ ... (denken)
   ● An meinen Mann.

8. ▪ ... (träumen)
   ● Von einem Tiger, der mich
   fressen wollte.

9. ▪ ... (sich verlassen)
   ● Auf meine Eltern.

10. ▪ ... (warten)
   ● Auf bessere Zeiten.

13 Ergänzen Sie die Präpositionen, da- und die Endungen.

1. Ich kann mich nicht _____
   erinnern, dass sie sich auch nur ein
   einziges Mal _____ zu viel Arbeit
   beschwert hätte.

2. Hast du dich _____ dein___
   neu___ Chef _____ erkundigt,
   _____ welch___ Fortbildungskurs
   du teilnehmen kannst?

3. Bitte stör mich jetzt nicht! Ich muss
   mich _____ mein___ Arbeit
   konzentrieren.

4. Kann ich mich _____ verlassen,
   dass Sie sich _____ unser___
   neu___ Gäste kümmern?

5. Kannst du mich bitte im Reisebüro
   _____ erinnern, dass ich mich
   auch _____ den Preisen für
   einen Flug nach Rom erkundige?

6. Haben Sie sich im Urlaub gut
   _____ Stress der letzten
   Wochen erholt?

7. Sprich doch mal _____ dein___
   Vater _____ dein___ Probleme.
   Vielleicht kann er dir helfen.

8. Pass gut _____ d___ Kleinen auf,
   wenn du mit ihnen über diese
   gefährliche Straße gehst. Die Autos
   fahren hier sehr schnell.

9. Ich wundere mich schon lange
   nicht mehr_____ , dass sie sich
   alle paar Monate _____ ein___
   ander___ Mann verliebt.

10. Erzählen Sie mir doch ein bisschen
   _____ Ihr___ letzt___ Cluburlaub.

14 Ergänzen Sie die Wörter im Rätsel.
Schreiben Sie dabei nur in Großbuchstaben (Ä = AE); die Lösung ist
der Name eines berühmten deutschen Schriftstellers.

1. Ich hätte mich sehr gefreut, wenn du mich besucht
2. Vielen Dank für Ihr Angebot, aber Sie � mir wirklich nicht zu helfen. Ich
    kann das schon allein.
3. Ich ▬▬▬ leider nicht kommen. Ich hatte keine Zeit.
4. Ich kann jetzt nicht telefonieren. Ich wasche ▬▬▬ gerade die Haare.
5. Wir warten hier ▬▬▬ Sie.
6. Warum ▬▬▬ du nicht auf Angelas Party?
7. ▬▬▬ wir eine kurze Pause? Ich brauche einen Kaffee.
8. ▬▬▬ mich jetzt bitte in Ruhe!
9. Los, fangen wir ▬▬▬ !
10. Haben Sie sich schon ▬▬▬ den Hotelpreisen erkundigt?

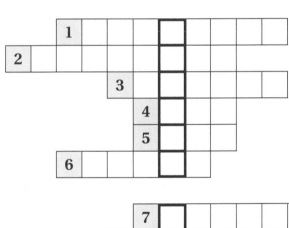

2.1 Nomen Deklination

Genus

Jedes Nomen hat ein festes Genus. Man erkennt es am Artikel *der, die, das.*

Im Deutschen gibt es drei Genera:	
Maskulinum	*der Mann, der Löffel*
Femininum	*die Frau, die Gabel*
Neutrum	*das Kind, das Messer*

Es erscheint logisch, dass *der Mann* maskulin ist, *die Frau* feminin und *das Kind* (= Mädchen oder Junge) neutrum. Diese Nomen folgen dem natürlichen Genus. Aber warum ist *der Löffel* maskulin, *die Gabel* feminin und *das Messer* neutrum? Man weiß es nicht. Diese Nomen folgen dem grammatischen Genus. Es gibt jedoch einige Regeln, wie man mit Hilfe der Endung das Genus eines Nomens erkennen kann. Diese gelten jedoch nicht immer und nicht für alle Nomen. Deshalb ist es am besten, das Nomen immer zusammen mit dem Artikel zu lernen.

Einige Regeln

maskulin

- männliche Personen und Tiere — *der Vater, der Affe …*
- Wochentage, Monate, Jahreszeiten, Tageszeiten — *der Montag, der Mai, der Winter, der Morgen …*
- Wetter, Himmelsrichtungen — *der Regen, der Osten …*
- Alkohol — *der Wein, der Schnaps …* Ausnahme: *das Bier*
- männliche Berufsbezeichnungen — *der Arzt, der Lehrer, der Maler, der Praktikant …*

feminin	• weibliche Personen	*die Tante, die Mutter …* Ausnahme: *das Mädchen*
	• viele Pflanzen	*die Rose, die Tulpe …*
	• weibliche Berufs- bezeichnungen	*+ in: die Ärztin, die Lehrerin,* *die Malerin, die Praktikantin …*
	• Nomen, die vom Verb gebildet werden und ein *t* anhängen	*fahren → die Fahrt,* *rasten → die Rast …*
neutrum	• Substantivierungen von Verben (im Infinitiv) und Adjektiven	*essen → das Essen,* *gut → das Gute …*

	maskulin	feminin	neutrum
immer	-ismus *Realismus*	-ung *Rechnung*	-chen *Mädchen*
	-ling *Liebling*	-heit *Freiheit*	-lein *Tischlein*
	-or *Motor*	-keit *Höflichkeit*	
		-schaft *Freundschaft*	
		-ion *Nation*	
		-ei *Bäckerei*	
		-ur *Kultur*	
meistens	-er *Koffer*	-e *Lampe*	-um *Zentrum*
			-ment *Instrument*

Komposita Das Genus zusammengesetzter Nomen (Komposita) richtet sich immer nach dem letzten Nomen.

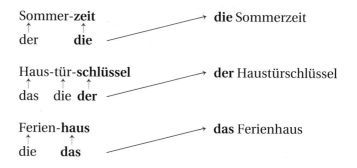

Sommer-**zeit** → **die** Sommerzeit
der   **die**

Haus-tür-**schlüssel** → **der** Haustürschlüssel
das   die **der**

Ferien-**haus** → **das** Ferienhaus
die   **das**

▶ Übungen 1–7

Plural

Es gibt fünf Möglichkeiten, den Nominativ Plural zu bilden. Es sind zwar keine festen Regeln, aber sie stimmen meistens.

Singular	Plural		
• -r Koffer	-e Koffer	–	Nomen auf -er, -en, -el, -chen, -lein
-r Apfel	-e Äpfel	¨	
• -r Tisch	-e Tische	-e	viele Maskulina
-e Maus	-e Mäuse	¨e	einsilbige Feminina und Neutra
• -s Kind	-e Kinder	-er	einsilbige Neutra
-r Mann	-e Männer	¨er	einige Maskulina
• -e Lampe	-e Lampen	-n	viele Feminina
-e Uhr	-e Uhren	-en	
-r Student	-e Studenten	-en	Deklination Typ 2 (n-Deklination)
• -s Auto	-e Autos	-s	Nomen auf -a, -i, -o und viele Fremdwörter

a, o, u werden im Plural meist zu ä, ö, ü.

| **Besonderheiten** | die Lehrerin – die Lehrerin**nen** |
| | die Schülerin – die Schülerin**nen** |

das Gymnas**ium** – die Gymnas**ien**
das Muse**um** – die Muse**en**

das Them**a** – die Them**en**
die Firm**a** – die Firm**en**

▶ Übungen 8–12

Kasus

Jedes Nomen hat verschiedene Kasusformen. In welchem Kasus ein Nomen und der Artikel (oder das Adjektiv) stehen, hängt von der Funktion ab, die das Nomen im Satz einnimmt. Diese Funktion wird determiniert durch das Verb (Ich *mache* die Hausaufgabe.), durch eine Präposition (Er steht *vor* dem Haus.) oder durch ein anderes Nomen (Das ist *die Tasche* meiner Mutter.).

Man unterscheidet vier Kasusformen:

Nominativ	*Ich* esse gern.
Akkusativ	Ich esse gern *Kuchen.*
Dativ	Ich gebe *dir* das Buch am Wochenende zurück.
Genitiv	Ich weiß nicht mehr den Namen *des Autors.*

	maskulin I	**maskulin II** n-Deklination	**feminin**	**neutrum**
Singular				
Nominativ	der Mann	der Junge	die Frau	das Kind
Akkusativ	den Mann	den Jungen	die Frau	das Kind
Dativ	dem Mann	dem Jungen	der Frau	dem Kind
Genitiv	des Mannes	des Jungen	der Frau	des Kindes
Plural				
Nominativ	die Männer	die Jungen	die Frauen	die Kinder
Akkusativ	die Männer	die Jungen	die Frauen	die Kinder
Dativ	den Männern	den Jungen	den Frauen	den Kindern
Genitiv	der Männer	der Jungen	der Frauen	der Kinder

Besonderheiten

- im Genitiv -*es* meist bei einsilbigen Nomen und Nomen auf -*s*, -*ß*, -*x*, -*z*, -*tz*

  des Gesetzes, des Hauses …

- bei Eigennamen wird ein -*s* an den Namen angehängt

  Goethes Erzählungen, Peters Freundin

  in gesprochener Sprache auch:

  die Freundin von Peter

  bei Endbuchstabe -*s* nur Apostroph

  Thomas' Buch

  in gesprochener Sprache auch :

  das Buch von Thomas

- im Dativ Plural Nomen + -*(e)n*

  den Lehrern, den Frauen …

  Ausnahmen:
  Nomen mit Plural auf -*s*
  Nomen, die auf -*n* enden

  den Autos …
  den Mädchen …

n-Deklination

Zur n-Deklination gehören

- maskuline Lebewesen mit der Endung -*e*

  Junge, Kollege, Franzose, Affe …

- maskuline Nomen aus dem Lateinischen oder Griechischen auf -*and*, -*ant*, -*ent*, -*ist*, -*oge*, -*at*

  Doktorand, Demonstrant, Präsident, Polizist, Biologe, Demokrat …

- einige maskuline Nomen haben im Genitiv zusätzlich ein -*s*

  der Gedanke – des Gedankens
  der Buchstabe – des Buchstabens
  der Name – des Namens
  der Friede – des Friedens

Nationalitäten	Typ 1 – maskulin I	Typ 2 – maskulin II (n-Deklination)
Nominativ	der Italiener	der Franzose
Akkusativ	den Italiener	den Franzose**n**
Dativ	dem Italiener	dem Franzose**n**
Genitiv	des Italiener**s**	des Franzose**n**

Ebenso:		
	Belgier	Brite
	Engländer	Bulgare
	Holländer	Däne
	Norweger	Finne
	Österreicher	Grieche
	Schweizer	Ire
	Spanier	Schotte
		Pole
		Portugiese
		Rumäne
		Russe
		Schwede
		Slowake
		Tscheche
		Türke
		Ungar
	Afrikaner	Asiate
	Amerikaner	
	Australier	

Ausnahme

Der/die Deutsche wird wie ein Adjektiv dekliniert.

▶ *Adjektive* Seite 112–115

Bei Nationalitätenbezeichnungen für Frauen steht immer
die Endung -*in*, -*innen*:

Italienerin, Italienerinnen, Französin, Französinnen

▶ Übungen 13–17

1 *der* oder *die*:
Ordnen Sie die Nomen zu.

2 Ergänzen Sie den Artikel.

Nachmittag	Elefant
Cognac	Lehrerin
Freund	Bauer
Frau	Schrift
Chefin	Februar
Busfahrer	Frühling
Schülerin	Rose
Morgen	Freitag
Asiatin	Wein
Norden	Mutter
Münchnerin	Schnee

der	die
Elefant	...
...	

die Stunde   _____ Dokument

_____ Koffer   _____ Direktor

_____ Bäckerei   _____ Mädchen

_____ Einsamkeit   _____ Dose

_____ Terror   _____ Bücherei

_____ Reaktor   _____ Mehrheit

_____ Zentrum   _____ Fremdling

_____ Kommunismus   _____ Achtung

_____ Schwierigkeit   _____ Gesellschaft

_____ Argument   _____ Tischlein

_____ Situation   _____ Figur

_____ Religion   _____ Monument

3 Bilden Sie Komposita und ergänzen Sie den Artikel.

Kaffee	Bett	*die Gartenbank*
Telefon	Liebe	_____
Einbahn	Tasse	_____
Regen	Bank	_____
Brief	Buch	_____
Kinder	Werkstatt	_____
Auto	Straße	_____
Jugend	Tasche	_____
Garten	Schirm	_____

4 Bilden Sie neue Wörter.

der	die	das
Baum	Frau	Kind
Mann	U	D
N	...	...
...		

Ehering	Name	~~Baum~~
~~Mann~~	Dorf	Rad
Regen	Tor	Garten
~~Frau~~	Liter	~~Kind~~
Fest	Ruhe	Nest
Uhr	Theater	Traube
Nordpol		Ringlein
Eigenschaft		Einsamkeit

5 Ein Nomen in jeder Reihe hat einen anderen Artikel. Welches?

1. Lösung
   Rose
   ~~Sozialismus~~
   Logik

2. Regen
   Natur
   Italiener
   Motor

3. Neuling
   Katholizismus
   Montag
   Bier

4. Schönheit
   Rauchen
   Engagement
   Studium

5. Klugheit
   Abend
   Oma
   Astrologin

6. Stöckchen
   Beste
   Element
   Wissenschaft

6 Phantasiewörter: Welcher Artikel passt?

1. _der_ Schokoladenlehrer
2. _____ Eieröffnungsmaschine
3. _____ Autowaschhund
4. _____ Brillenessen
5. _____ Winterfebruar
6. _____ Phantasieschnaps
7. _____ Herbstmalerin
8. _____ Weihnachtstulpe

7 Bilden Sie zehn zusammengesetzte Phantasiewörter.

8 In einem Wörterbuch finden Sie folgende Angaben: Nomen, Artikel, Endung Nominativ Plural. Schreiben Sie jeweils die komplette Pluralform des Nomens im Nominativ mit Artikel.

1. Haus, das, ¨er — _die Häuser_
2. Ergebnis, das, -se — _____
3. Studentin, die, -nen — _____
4. Ausdruck, der, ¨e — _____
5. Lehrer, der, - — _____
6. Firma, die, -en — _____
7. Schloss, das, ¨er — _____
8. Anfang, der, ¨e — _____
9. Tür, die, -en — _____
10. Gymnasium, das, -en — _____
11. Situation, die, -en — _____
12. Ast, der, ¨e — _____

99

9 Pluralendung und Umlaut: Ergänzen Sie die Formen.

| – | -e | ̈e | -n | -en | -er | -s | -nen |

1. die Position, _en_
2. die Maus, _____
3. der Freund, _____
4. die Veränderung, _____
5. der Berg, _____
6. das Foto, _____
7. die Direktorin, _____

8. der Priester, _____
9. der Baum, _____
10. der Rahmen, _____
11. das Sofa, _____
12. der Physiker, _____
13. die Blume, _____
14. das Mädchen, _____

10 Pluralendung und Umlaut: Ergänzen Sie die Formen.

1. Kommt ihr mit euren Kinder_____ zur Party am Samstag?
2. Ich komme gleich. Ich kaufe nur noch schnell zwei Flasche_____ Wein.
3. Wie viele Student_____ und Studentin_____ sind in Ihrem Kurs?
4. Sind hier noch zwei Platz_____ frei?
5. Er hat große Angst vor Prüfung_____ .
6. Sie fliegt nicht gern in kleinen Flugzeug_____ .
7. Ich lebe gern in kleinen Dorf_____ .
8. Wie viele Auto_____ haben Sie denn?
9. Wir helfen gern den alten Mensch_____ .
10. Unser Chef hat drei Sekretärin_____ .

11 Antworten Sie.

1. Was gibt es in einem Wald?
   Bäume, Äste, …
   _____
   _____

2. Was haben Sie in Ihrer Schreibtischschublade?
   Papiere, …
   _____
   _____

3. Welche Früchte wachsen in Ihrem Land?
   _____
   _____
   _____

4. Von welchen Kleidungsstücken haben Sie mehr als eins in Ihrem Kleiderschrank?
   _____
   _____
   _____

12 Pluralendung und Umlaut: Ergänzen Sie die Formen.

Meine Dame___ und Herr___ !
Sehr verehrte Kundin___ und Kund___ !
Wir haben heute wieder ganz tolle Sonderangebot___ für Sie.

Für die Dame___ :
  Rock___
  Bluse___
  Jacke___
  Schuh___   für nur 29,– EUR

Für die Herr___ :
  Krawatte___
  Seidenhemd___
  Ledergürtel___
  Pullover___   für nur 19,– EUR

Und für unsere Klein___ :
  kurze Hose___
  T-Shirt___
  Badeanzug___
  Sommerhut___   für nur 9,– EUR

13 Dativ Plural: Ergänzen Sie die Endungen.

1. Die Lehrerin hilft den Student_____ viel.
2. Du kannst den Ball nicht mitnehmen. Er gehört den Mädchen_____ dort.
3. Heute Abend koche ich mit meinen spanischen Freund_____ eine Paella.
4. Diese Uhr habe ich von meinen Eltern_____ zum Geburtstag bekommen.
5. Der Direktor dankte in seiner Rede allen Arbeiter_____ .
6. Morgen gehe ich mit meinen Kinder_____ ins Schwimmbad.

14 Genitiv Singular und Plural: Ergänzen Sie die Endungen.

1. Wir kommen am Ende der Woche_____ .
2. Die Aussprache meiner Student_____ (fem. Pl.) ist sehr gut.
3. Ich besuche dich Anfang des Monat_____ .
4. Die Angestellten der Post_____ verdienen wenig.
5. Die Nasen der Affe_____ sehen sehr lustig aus.
6. Die Liebe seiner Mutter_____ hat ihm bei dieser schweren Krankheit viel geholfen.

15 Suchen Sie die richtigen Kombinationen und ergänzen Sie dabei die Endung im Genitiv.

Maria	Büro ist im 2. Stock.
Dr. Müller	bester Pianist heißt …
Deutschland	Symphonien habe ich alle auf CD.
Thomas	Freundin ist sehr hübsch.
Mozart	Mann arbeitet bei Siemens.
Frankreich	Geburtshaus steht in Salzburg.
Beethoven	Hauptstadt ist Paris.
Angela	Motorrad war teuer.

Beethovens Symphonien habe ich alle auf CD.
…

16 Maskuline Nomen: Ergänzen Sie die Endungen.

1. Im Tierpark haben wir einen kleinen Affe____ gesehen.

2. Hast du schon den neuen Film____ mit Tom Cruise gesehen?

3. Die Kolleg____ in meiner neuen Firma sind sehr hilfsbereit.

4. Haben deine Student____ auch Probleme mit der Adjektivdeklination?

5. Gestern Abend habe ich meiner Freundin einen langen Brief____ geschrieben.

6. Schau, da auf dem Baum sitzen zwei wunderschöne Vögel____ !

7. Euer Fußballclub hat einen sehr guten Präsident____ .

8. Die Demonstrant____ hörten nicht auf die Befehle der Polizist____ .

9. Ich kann mich nicht an den Name____ meines Kollege____ erinnern.

10. Wie viele Koffer____ nimmst du mit?

11. Ich nehme keinen Koffer____ mit, sondern nur zwei Tasche____ .

12. Die nächsten Monat____ habe ich viel zu tun.

17 Wie heißen die Bewohner von …?

	Mann	Frau
England	*Engländer, -*	*Engländerin, -nen*
Griechenland		
Europa		
Türkei		
Österreich		
Irland		
Spanien		
Russland		
Rumänien		
Norwegen		
Dänemark		
Schottland		
Asien		
Holland		
Portugal		
Amerika		
Polen		
Finnland		
Frankreich		
Schweiz		
Italien		

2.2 Nomen
Artikelwörter

Gebrauch Artikelwörter stehen allein oder mit einem Adjektiv/Partizip vor einem Nomen.

das Auto	ein Auto	*Artikelwort + Nomen*
das rote Auto	ein rotes Auto	*Artikelwort + Adjektiv + Nomen*
das gestohlene Auto	ein gestohlenes Auto	*Artikelwort + Partizip II + Nomen*

In einem Text werden Nomen meist mit dem **unbestimmten Artikel** eingeführt:

Hast du schon gehört? Daniel hat sich *ein* neues Auto gekauft.

Der **bestimmte Artikel** verweist auf etwas, was dem Sprecher und Hörer schon bekannt ist, oder wenn es sich um allgemein bekannte Sachen oder Begriffe handelt:

Das neue Auto von Daniel ist wirklich super!
Die Kunst des 19. Jahrhunderts finde ich sehr interessant.

Die **Endung des Adjektivs** ist abhängig von dem vorangehenden Artikel(wort):

bestimmter Artikel	*unbestimmter Artikel*	*Nullartikel*
das rote Auto	**ein** rotes Auto	rote Autos

Deshalb muss man wissen, zu welchem Deklinationstyp ein Artikelwort gehört.

Deklination wie bestimmter Artikel

Formen

	maskulin	feminin	neutrum	Plural
Nominativ	der	die	das	die
	dieser	diese	dieses	diese
	jeder	jede	jedes	alle
	mancher	manche	manches	manche
Akkusativ	den	die	das	die
	diesen	diese	dieses	diese
	jeden	jede	jedes	alle
	manchen	manche	manches	manche
Dativ	dem	der	dem	den
	diesem	dieser	diesem	diesen
	jedem	jeder	jedem	allen
	manchem	mancher	manchem	manchen
Genitiv	des	der	des	der
	dieses	dieser	dieses	dieser
	jedes	jeder	jedes	aller
	manches	mancher	manches	mancher

Memobox 1

	m.	f.	n.	Plural
Nom.	-r	-e	-s	-e
Akk.	-n	-e	-s	-e
Dat.	-m	-r	-m	-n
Gen.	-s	-r	-s	-r

Deklination wie unbestimmter Artikel

Formen

	maskulin	feminin	neutrum	Plural
Nominativ	ein	eine	ein	–
	kein	keine	kein	keine
	mein*	meine	mein	meine
	irgendein	irgendeine	irgendein	irgendwelche
Akkusativ	einen	eine	ein	–
	keinen	keine	kein	keine
	meinen*	meine	mein	meine
	irgendeinen	irgendeine	irgendein	irgendwelche
Dativ	einem	einer	einem	–
	keinem	keiner	keinem	keinen
	meinem*	meiner	meinem	meinen
	irgendeinem	irgendeiner	irgendeinem	irgendwelchen
Genitiv	eines	einer	eines	–
	keines	keiner	keines	keiner
	meines*	meiner	meines	meiner
	irgendeines	irgendeiner	irgendeines	irgendwelcher

* Ebenso: dein, sein, ihr/Ihr, unser, euer.

Memobox 2

	m.	f.	n.	Plural
Nom.	–	-e	–	-e
Akk.	-n	-e	–	-e
Dat.	-m	-r	-m	-n
Gen.	-s	-r	-s	-r

Im Deutschen gibt es für die 3. Person zwei Possessivartikel (*sein/ihr*) – abhängig vom Genus des Besitzers – mit zwei Endungen (*–/-e*) abhängig vom Genus des Nomens:

er/es → sein	Das Auto gehört **Herrn** Müller.	=	Es ist **sein** Auto.
sie → ihr	Das Auto gehört **Frau** Müller.	=	Es ist **ihr** Auto.
er/es → sein	Di**e** Uhr gehört Herrn Müller.	=	Es ist sein**e** Uhr.
sie → ihr	Di**e** Uhr gehört Frau Müller.	=	Es ist ihr**e** Uhr.

Nullartikel

Gebrauch

Plural von unbestimmtem Artikel
Haben Sie Kinder?

Namen
Das ist Peter.

Städte, Länder, Kontinente
Ich lebe in London/England/Europa.

Zeitangaben ohne Präposition
Ich komme nächste Woche.

Berufe
Er ist Arzt.

Nationalitäten
Sie ist Engländerin.

Nomen nach Maß-, Mengen- oder Gewichtsangaben
Bring bitte zwei Kilo Kartoffeln mit!

unbestimmte Mengen
Brauchst du noch Geld?

Materialien, Stoffe
Die Bluse ist aus Baumwolle.

feste Ausdrücke
Ende gut, alles gut.

Nullartikel nur ohne Adjektiv oder Attribut, ansonsten unbestimmter/bestimmter Artikel:

Er ist ⌒ Arzt.	Er ist ein guter Arzt.
Er hat früher in ⌒ Berlin gelebt.	Er hat früher im geteilten Berlin gelebt.

▶ Übungen 1–7

107

1 Nominativ, Akkusativ oder Dativ:
Ergänzen Sie die Endungen der Artikelwörter.

1. Dies_e_ Farbe (Nom.) gefällt mir gar nicht.
2. Musst du denn wirklich jed__ Abend (Akk.) arbeiten?
3. Können Sie mir bitte noch ein__ Glas (Akk.) Mineralwasser bringen?
4. Verstehst du Bairisch? Ich verstehe manch__ Leute (Akk.) in Bayern sehr schlecht.
5. Wie findest du mein__ neuen Schuhe (Akk.)?
6. In dies__ Stadt (Dat.) war ich schon in all__ Museen (Dat.).
7. Ich brauche etwas zum Schreiben. Gib mir mal bitte irgendein__ Stift (Akk.).
8. Dies__ Art (Nom.) von Filmen gefällt mir nicht.
9. Unser__ Großmutter (Nom.) bäckt d__ besten Apfelstrudel (Akk.).
10. Wir stehen jed__ Morgen (Akk.) um 6.30 Uhr auf.
11. In dies__ Lehrbuch (Dat.) sind manch__ Übungen (Nom.) ganz gut.
12. Kinder, nehmt eur__ Badesachen (Akk.) mit. Wir gehen noch ins Schwimmbad.
13. Ich habe Ihr__ Frage (Akk.) nicht ganz verstanden.
14. Ich habe leider kein__ Geschwister (Akk.).
15. Ich finde Ihr__ Haus (Akk.) wunderschön!
16. Sie geht jed__ Tag (Akk.) zum Schwimmen.

2 Ergänzen Sie. Was glauben Sie? Was gehört Lisa? Was gehört Martin? Und was gehört ihren Eltern?

-s Sofa	-s Taschenmesser	~~-e Haarbürste~~	-s Auto
-r Computer	-s Halstuch	-e Handtasche	
~~Stühle (Pl.)~~	-r Regenschirm	-r Fernseher	
Katzen (Pl.)	-s Poster	~~-r Fußball~~	
-s Haus	-s Geschirr	-s Kartenspiel	-r Teppich

Das ist *ihre Haarbürste.*   Das ist *sein Fußball.*   Das ist …
Das sind …   Das sind …   Das sind *ihre Stühle.*
…

3 *mein, dein, sein, ihr, unser, euer*: Ergänzen Sie die richtigen Formen.

1. Diese Kinder! Immer lassen sie _____ Spielsachen in der Küche liegen!
2. Antonio hat schon wieder _____ Schlüssel (Sing.) verloren.
3. Nein, Kinder, jetzt könnt ihr noch nicht spielen gehen. Ihr müsst zuerst _____ Zimmer aufräumen.
4. _____ Lehrer gibt uns immer zu viele Hausaufgaben.
5. Sag mal, wo ist denn _____ Lehrerin?
6. Oma sucht _____ Brille. Habt ihr sie gesehen?
7. Ich kann leider nicht mitkommen. _____ Fahrrad ist kaputt.
8. Hans ist immer noch krank. _____ Halsschmerzen sind noch nicht besser.
9. Wie war denn _____ Reise? – Sehr schön, wir haben viel gesehen, und _____ Reiseleiterin war ganz toll.
10. Hast du _____ Tasche gesehen? – Nein. Aber vielleicht hast du sie ja zu Hause vergessen.

4 Finden Sie Artikelwörter und ergänzen Sie im Dativ.

  Mensch   Terrorist   ~~Großmutter~~
  ~~Mädchen~~   Dieb   Feind
  Lehrerin   Freund   Präsident
  Zahnarzt   Löwe   Polizist
  Kommunist   Idiot   Meteorologe
---

1. Wir würden immer *unserer Großmutter / allen Mädchen* helfen.
   Aber wir würden nie ... helfen.
2. Ich unterhalte mich gern mit ....
   Aber ich habe mich noch nie mit ... unterhalten.
3. Meine Freundin wäre gern mit ... auf einer einsamen Insel.
   Aber sie würde nie mit ... in einem Hotelzimmer übernachten.
4. Mein Sohn würde gern mit ... in die Disco gehen.
   Aber er würde nie mit ... am Abend ausgehen.

5 Bestimmter Artikel, unbestimmter Artikel oder kein Artikel? Ergänzen Sie.

1. Heute ist _____ 23. April.
2. Kannst du mir bitte _____ Liter _____ Milch aus _____ Supermarkt mitbringen?
3. Dieses Hemd ist aus _____ Seide.
4. Haben Sie _____ Hunger? – Nein, ich habe gerade _____ Spaghetti gegessen.
5. Möchten Sie noch _____ Fleisch?
6. Gib bitte _____ Brigitte _____ Buch.
7. Meine Mutter ist _____ Schauspielerin.
8. Kennen Sie _____ Alfred Brendel? Er ist _____ berühmter deutscher Pianist.
9. Sie ist _____ Amerikanerin.
10. Könntest du bitte einkaufen gehen? Wir brauchen noch _____ Butter, _____ Äpfel, _____ Flasche Orangensaft und _____ Päckchen Reis.

6 Artikel oder kein Artikel?
Ergänzen Sie.

1. ■ Hast du in _____ Deutschland
auch so gern _____ Brötchen
zum Frühstück gegessen?
● Ja, natürlich. Jeden Morgen
_____ Brötchen mit _____
Marmelade und danach _____
Scheibe Brot mit _____ Butter.
Dazu habe ich immer _____
Tasse Kaffee mit _____ Milch
und _____ Zucker getrunken.
■ Das ist ja _____ typisch
deutsches Frühstück!
Du bist ja fast _____ Deutsche
geworden.
● Nein, nein. Aber _____ deutsche
Frühstück schmeckt mir sehr
gut.

2. ■ Warum fahren Sie denn jedes
Jahr im Urlaub nach _____
Österreich?
● Meine Eltern sind _____
Deutsche, aber sie leben in
_____ kleinen Dorf in
Österreich, in der Nähe der
deutschen Grenze. Besonders
_____ Kinder fahren sehr gern
dorthin.

3. ■ Würden Sie lieber in _____
Dorf oder in _____ Stadt
wohnen?
● Ich weiß nicht. Als ich in _____
Madrid gelebt habe, hat mir
_____ Großstadtleben eigentlich
sehr gut gefallen.

4. ■ Haben Sie Hunger?
● Ja, denn ich habe heute Morgen
nur _____ Milch getrunken.
■ Dann mache ich Ihnen schnell
_____ Suppe warm.
● Danke, das wäre sehr nett.

5. ■ Sollen wir noch in _____
Restaurant gehen?
● Tut mir leid, aber ich habe kein
Geld dabei.
■ Macht nichts, ich lade dich ein,
ich habe genug _____ Geld dabei.
● Das ist sehr nett von dir. Wir
müssen ja nicht in _____ teures
Restaurant gehen. Ich esse
sowieso am liebsten _____
Spaghetti.

7 Finden Sie ein passendes Artikelwort und ergänzen Sie es in der richtigen Form.

mancher	alle	dieser	ein	jeder	kein	der

1. _____ Studenten in meiner Klasse sind immer pünktlich.

2. Wir sind Frühaufsteher. Wir stehen _____ Tag um 6.00 Uhr auf.

3. _____ Reise werde ich nie vergessen!

4. Kennen Sie _____ Mann dort?

5. Im Großen und Ganzen habe ich _____ Text verstanden, nur _____
   Wörter nicht.

6. Hallo Klaus, wir machen am Samstag eine Party. Wir kaufen _____
   Getränke, und _____ Gäste sollten bitte etwas zu essen mitbringen.

7. Darf ich Ihnen _____ Tasse Tee anbieten? – Nein danke, um _____
   Uhrzeit trinke ich _____ Tee mehr, sonst kann ich nicht schlafen.

8. Mir haben fast _____ Arien in _____ Oper gefallen.

9. _____ Anfang ist schwer.

10. Vielen Dank, aber ich möchte jetzt nichts essen. Ich habe _____ Hunger.

11. Haben Sie wirklich _____ Bücher von Goethe gelesen?

12. _____ Pullover kannst du nicht mehr anziehen. Er ist doch ganz schmutzig.

13. Nein danke, ich mag _____ Wodka. Ich trinke fast nie Alkohol.

14. _____ Mann dort kenne ich.

2.3 Nomen
Adjektive

- Das ist aber eine tolle Tasche!   *vor einem Nomen (attributiv) mit Endung*

  Ist sie neu?   *mit ‚sein'/,werden' (prädikativ) ohne Endung*

- Ja, ich habe sie gestern gekauft.

Deklination

Im Folgenden wird nur die Deklination der Adjektive
vor dem Nomen (eine *tolle* Tasche) erklärt, da es nur hier
unterschiedliche Endungen gibt.

Ein Adjektiv kann auch ohne nachfolgendes Nomen eine
Endung haben, wenn das Nomen vorher genannt und nicht
wiederholt wird:

- Gefällt dir die bunte Tasche?
- Ja, aber die schwarze finde ich noch schöner.

Beim Adjektiv vor dem Nomen gibt es zwei Deklinationstypen:

Typ 1 nach bestimmtem Artikelwort

der neu**e** Film
die neu**e** Uhr
das neu**e** Haus

Typ 2 nach unbestimmtem Artikelwort

ein neu**er** Film
eine neu**e** Uhr
ein neu**es** Haus

112

Adjektive nach bestimmtem Artikelwort (Typ 1)

Zu den bestimmten Artikelwörtern gehören
der, dieser, jeder/alle, mancher.
▶ Seite 105

	maskulin	feminin	neutrum	Plural
Nom.	der neue Film	die neue Uhr	das neue Haus	die neuen Filme
Akk.	den neuen Film	die neue Uhr	das neue Haus	die neuen Filme
Dat.	dem neuen Film	der neuen Uhr	dem neuen Haus	den neuen Filmen
Gen.	des neuen Films	der neuen Uhr	des neuen Hauses	der neuen Filme

Memobox 3

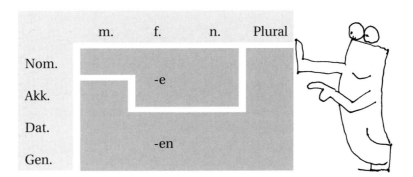

Adjektive nach unbestimmtem Artikelwort (Typ 2)

Zu den unbestimmten Artikelwörtern gehören
ein, kein, mein, irgendein.
▶ Seite 106

113

	maskulin	feminin	neutrum	Plural
Nom.	ein neuer Film	eine neue Uhr	ein neues Haus	keine neuen Filme
Akk.	einen neuen Film	eine neue Uhr	ein neues Haus	keine neuen Filme
Dat.	einem neuen Film	einer neuen Uhr	einem neuen Haus	keinen neuen Filmen
Gen.	eines neuen Films	einer neuen Uhr	eines neuen Hauses	keiner neuen Filme

Memobox 4

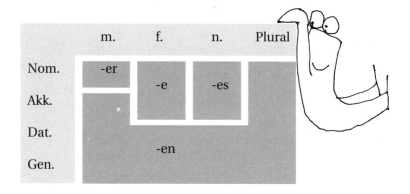

Adjektive ohne Artikelwort

Die Endungen der Adjektive ohne Artikelwort sind nicht neu für Sie, denn sie sind identisch mit dem letzten Buchstaben des bestimmten Artikels.
▶ *Memobox 1* Seite 105

Beispiel Akkusativ	den Wein	Ich trinke gern französischen Rotwein.
	die Schokolade	Ich esse gern deutsche Schokolade.
	das Obst	Ich esse gern frisches Obst.

Ausnahme — Genitiv Singular maskulin und neutrum mit der Adjektivendung -*en* (Ich liebe den Geruch frischen Kaffees/Bieres.). Diese Formen werden jedoch sehr selten gebraucht.

Beachten Sie die unterschiedlichen Endungen des Artikelworts und des Adjektivs:

Besonderheiten	teuer	ein teures Haus	-e- fällt weg
	dunkel	ein dunkles Zimmer	-e- fällt weg
	hoch	ein hoher Turm	-c- fällt weg
	rosa	ein rosa Kleid	Adjektive mit -a: keine Endung
		der Hamburger Hafen	von Städtenamen abgeleitete Adjektive: immer -er

Partizip I und II als Adjektiv

der blühende Apfelbaum   Infinitiv + d + Adjektivendung
das geschlossene Fenster   Partizip II + Adjektivendung

▶ Übungen 1–12

Komparation

Komparativ   ▨ Welches Sweatshirt findest du *schöner*, das blaue oder das rote?

Superlativ   ● Mir gefällt keins von beiden besonders. Schau mal, dieses bunte, das ist *das schönste* von allen hier. Mir gefällt es jedenfalls *am besten*.

Adjektiv hinter dem Nomen

	Komparativ: *-er*	Superlativ: *am -sten*
klein	Auto B ist kleiner als Auto A.	Auto C ist **am kleinsten.**
billig	Auto B ist billiger als Auto A.	Auto C ist **am billigsten.**
schnell	Auto B fährt schneller als Auto C.	Auto A fährt **am schnellsten.**

Adjektiv vor dem Nomen

	Komparativ	Superlativ
	-er + Adjektivendung	-st + Adjektivendung
klein	Ich kaufe das kleinere Auto.	Ich kaufe das kleinste Auto.
billig	Ich kaufe das billigere Auto.	Ich kaufe das billigste Auto.
schnell	Ich kaufe das schnellere Auto.	Ich kaufe das schnellste Auto.

Besonderheiten

	Komparativ	Superlativ	
gut	besser	am besten	
viel	mehr	am meisten	*mehr* und *weniger* haben keine Deklinationsendung
gern	lieber	am liebsten	
dunkel	dunkler	am dunkelsten	
teuer	teurer	am teuersten	
warm	wärmer	am wärmsten	*a, o, u → ä, ö, ü*
jung	jünger	am jüngsten	(bei den meisten einsilbigen
klug	klüger	am klügsten	Adjektiven)
wild	wilder	am wildesten	*-est* nach *-d, -t, -s, -ss, -ß*
breit	breiter	am breitesten	*-sch, -x, -z*
hübsch	hübscher	am hübschesten	
nah	näher	am nächsten	
hoch	höher	am höchsten	

Verwendung von *wie* und *als*

gleich	Lisa ist genau **so** groß **wie** Georg.	*so … wie*
unterschiedlich	Aber Lisa ist größ**er als** Angela.	Komparativ + *als*

▶ Übungen 13–20

Adjektive und Partizipien als Nomen

Substantivierte Adjektive und Partizipien werden
wie ein Adjektiv dekliniert.

■ Wie war denn deine letzte Reisegruppe? Waren wieder so
viele Rentner dabei?

● Nein, diesmal nicht. Es waren sogar ein paar **Jugendliche** ①
unter den **Reisenden** ②, und **das Schönste** ③ war, dass
auch zwei alte **Bekannte** ④ von mir mitgefahren sind.

① + ③ + ④	Adjektiv als Nomen
②	Partizip I als Nomen

	maskulin	feminin	Plural
Typ 1			
Nominativ	der Angestell**te**	die Angestell**te**	die Angestell**ten**
Akkusativ	den Angestell**ten**	die Angestell**te**	die Angestell**ten**
Dativ	dem Angestell**ten**	der Angestell**ten**	den Angestell**ten**
Genitiv	des Angestell**ten**	der Angestell**ten**	der Angestell**ten**
Typ 2			
Nominativ	ein Angestell**ter**	eine Angestell**te**	Angestell**te**
Akkusativ	einen Angestell**ten**	eine Angestell**te**	Angestell**te**
Dativ	einem Angestell**ten**	einer Angestell**ten**	Angestell**ten**
Genitiv	eines Angestell**ten**	einer Angestell**ten**	Angestell**ter**

Adjektiv als Nomen	der/die Arbeitslose, der/die Bekannte, der/die Blonde, der/die Deutsche, der/die Fremde, der/die Kranke, der/die Schuldige, der/die Tote, der/die Verwandte, das Gute, das Beste, der/die Schnellste …
Partizip I als Nomen	der/die Abwesende, der/die Anwesende, der/die Auszubildende, der/die Reisende, der/die Vorsitzende …
Partizip II als Nomen	der/die Angestellte, der Beamte/die Beamtin, der/die Betrunkene, der/die Gefangene, der/die Verheiratete, der/die Verletzte, der/die Verliebte, der/die Vorgesetzte …

▶ Übungen 21–23

1 Nominativ: Stellen Sie Fragen.

1. das Kleid – rot – schwarz
   *Welches Kleid gefällt Ihnen besser,
   das rote oder das schwarze?*
2. die Hose – schwarz – blau
3. die Schuhe – braun – weiß
4. der Pullover – bunt – einfarbig
5. das Hemd – kariert – gestreift
6. der Mantel – dick – dünn
7. die Taschen – groß – klein
8. die Jacke – blau – grün

2 Nominativ (N) und Akkusativ (A):
Ergänzen Sie die Endungen.

1. Die letzt___ Aufgabe (N) war
   schwierig.
2. Jeder neu___ Anfang (N) ist schwer.
3. Diese kaputt___ Jeans (A) kannst du
   doch nicht mehr anziehen!
4. Das blond___ Mädchen (A) dort
   finde ich sehr hübsch.
5. Wir haben den ganz___ Monat (A)
   Urlaub.
6. Zeigen Sie mir bitte alle deutsch___
   Lehrbücher (A), die Sie haben.
7. Geben Sie mir bitte den schwarz___
   Stift (A) dort.
8. Ich möchte bitte das halb___ Brot (A).
9. Fast alle jung___ Leute (N) in
   Deutschland sprechen Englisch.
10. Heute Abend sehe ich die neu___
    Freundin (A) von Franz zum ersten
    Mal.
11. Meine Großmutter hat mir schon
    manchen gut___ Rat (A) gegeben.
12. In Deutschland sind die Geschäfte
    jeden erst___ Samstag (A) im Monat
    länger geöffnet.

3 Nominativ: Ergänzen Sie die
Endungen.

1. Das ist ein sehr langweilig___ Film.
2. Sie ist eine sehr intelligent___ Frau.
3. Ist das hier Ihr neu___ Fahrrad?
   Das ist ja super!
4. Er ist meine groß___ Liebe.
5. Ihre klein___ Tochter ist wirklich
   sehr musikalisch.
6. Das ist aber ein sehr gemütlich___
   Restaurant.
7. Das ist doch kein frisch___ Brot.
   Es ist viel zu hart.
8. Sie wird sicher eine gut___ Musikerin.

4 Akkusativ: Formulieren Sie die
Antworten.

Was schenken Sie Ihrem Freund zum
Geburtstag?

1. das Buch – interessant
   *Ich schenke ihm ein interessantes
   Buch.*
2. die Uhr – neu
3. der Pullover – blau
4. das Wörterbuch – deutsch
5. der Hund – klein
6. die Torte – groß
7. das Hemd – bunt
8. die Krawatte – modern

5 Akkusativ: Bilden Sie Sätze.

Was mögen Sie gern?
Was mögen Sie nicht gern?

klein	Männer
schnell	Autos
schlecht	Reisen
billig	Fernseher
schön	Motorräder
teuer lang	Jobs
langweilig	Restaurants
	Filme
fremd gut	Kinder
interessant	Länder
nett	Leute Tiere

Ich mag gern *fremde Länder.*

Ich mag keine *langweiligen Filme.*

...

6 Ergänzen Sie die Endungen.

Beatrice kritisiert immer die Kleidung ihrer Freundin.

1. Warum trägst du eine grün___ Hose mit einer violett___ Bluse?

2. Warum trägst du im Sommer diese dick___ Strümpfe?

3. Warum kaufst du nie ein modern___ Kleid?

4. Warum trägst du einen gelb___ Mantel mit einem rot___ Hut?

5. Warum trägst du keinen schick___ Minirock mit deinen schön___ Beinen?

6. Warum gehst du nicht mit deiner gut___ Freundin Beatrice zum Einkaufen?

7 Setzen Sie die Adjektive in der richtigen Form ein.

1. ■ Gibt es hier ein _französisches_ Restaurant?
   ● Nein, nur ein _____ .
2. ■ Hörst du immer diese _____ Rockmusik?
   ● Nein, fast nie. Meistens höre ich _____ Musik.
3. ■ Kaufst du jede _____ CD von den Rolling Stones?
   ● Nein, ich kaufe nur die _____ .
4. ■ Warum ziehst du nicht deine _____ Schuhe an?
   ● Weil ich lieber meine _____ anziehen möchte.
5. ■ Nimm doch noch ein Stück von ihrem _____ Kuchen!
   ● Nein danke, ich bin wirklich satt.
6. ■ Gibt es am Sonntag in Deutschland _____ Brot zu kaufen?
   ● Ja, in einigen Bäckereien.

französisch
deutsch
laut
klassisch
neu
gut
warm
neu
gut
frisch

8 Ergänzen Sie die Endungen.

Hübsch____ , jung____ , blond____
Frau sucht einen reich____ , schwarz-
haarig____ Akademiker aus gut____
Familie mit schnell____ Auto und
dick____ Bankkonto.

Chiffre XXX

Attraktiv____ , jugendlich____ Mann,
Anfang 50, sucht liebevoll____ ,
sportlich____ Frau (20 bis 30 Jahre
alt), die gut____ kocht und sehr
häuslich____ ist.

Chiffre XXX

Suche älter____ , aktiv____ und
interessiert____ Frauen und
Männer für gemeinsam____
Ausflüge, lang____
Spaziergänge und
gemütlich____ Abende.
Bitte melden Sie sich unter
Chiffre XXX

Älter____ Ehepaar mit drei
groß____ Hunden sucht für
ruhig____ , möbliert____ Zimmer
mit eigen____ Bad in schön____
Haus eine zuverlässig____
Mieterin.
Miete 450,– + Nebenkosten.

Chiffre XXX

Wenn Sie bei den folgenden Übungen 9 bis 12 nicht alle Lösungen wissen, dann
bearbeiten Sie vorher noch die Kapitel *Komparation* sowie *Adjektive und
Partizipien als Nomen.*
▶ *Komparation* Seite 116–117   ▶ *Adjektive und Partizipien als Nomen* Seite 118

9 Ergänzen Sie die Endungen.

Rotkäppchen

Es war einmal ein jung___ Mädchen,
das mit seinen lieb___ Eltern in einem
klein___ Häuschen am Rande eines
groß___ Waldes lebte. Das Mädchen
5 hatte von seiner alt___ Großmutter ein
rot___ Käppchen bekommen, mit
welchem es so hübsch___ aussah,
dass die meist___ Leute es nur ‚das
Rotkäppchen' nannten.
10 Eines Morgens sagte die Mutter zu
Rotkäppchen:
„Deine lieb___ Großmutter ist krank___
und liegt ganz allein im Bett. Deshalb
sollst du sie besuchen und ihr einen
15 groß___ Kuchen und eine Flasche Wein
bringen. Aber geh gerade durch den
dunkl___ Wald, denn dort wohnt der
bös___ Wolf."
Rotkäppchen versprach der gut___
20 Mutter, brav___ zu sein, und machte
sich auf den lang___ Weg durch den
tief___ Wald.
Es war noch nicht lange unterwegs,
da kam schon der schwarz___ Wolf,
25 der vor Hunger ganz dünn___ war und
das klein___ Mädchen gierig ansah.
„Mein lieb___ Rotkäppchen, was machst
du denn so allein im dunkl___ Wald?"

Und das ängstlich___ Mädchen
30 antwortete:
„Ich muss meiner krank___ Großmutter
diesen groß___ Kuchen und eine Flasche
Wein bringen."
Da sagte der schlau___ Wolf:
35 „Deine Großmutter wird sich noch viel
mehr freuen, wenn du ihr noch einen
groß___ Strauß von diesen gelb___ und
rot___ Blumen mitbringst."
Das Mädchen folgte dem Rat und war
40 froh, dass der Wolf schnell verschwand.
Es pflückte einen schön___ Blumenstrauß und ging dann weiter. Der Wolf
aber hatte einen schrecklich___ Plan.
Er lief schnell zum Haus der Großmutter
45 und fraß sie mit Haut und Haaren. Dann
zog er sich ihr weiß___ Nachthemd an
und legte sich in das weich___ Bett der
Großmutter, um auf Rotkäppchen zu
warten.
50 Nach kurz___ Zeit kam die Klein___ und
betrat fröhlich___ das Haus. Im Schlafzimmer der Großmutter war es dunkel,
weil der Wolf die schwer___ Vorhänge
zugezogen hatte, und so konnte Rot-
55 käppchen nicht viel sehen. Deshalb
fragte es die Großmutter:

10 Ergänzen Sie die Endungen.

Zimmersuche in München

"Aber Großmutter, warum hast du so groß___ Augen?"
"Damit ich dich besser sehen kann!"
60 antwortete der listig___ Wolf.
"Großmutter, warum hast du so lang___ Ohren?" fragte das ängstlich___ Mädchen weiter.
"Damit ich dich besser hören kann",
65 sagte der schwarz___ Wolf.
"Aber Großmutter, warum hast du so einen groß___ Mund?"
"Damit ich dich besser fressen kann", sagte der Wolf, sprang aus dem Bett und
70 fraß auch das klein___ Mädchen mit einem einzig___ Biss. Dann wurde er müde und legte sich wieder in das gemütlich___ Bett der Großmutter und fiel in einen tief___ Schlaf.
75 Kurz___ Zeit später ging der alt___ Förster am Häuschen der Großmutter vorbei. Als er das laut___ Schnarchen des Wolfes hörte, war ihm klar, was passiert war. Er betrat schnell das
80 Zimmer, sah den bös___ Wolf und schoss ihn tot. Dann schnitt er mit seinem scharf___ Messer den dick___ Bauch des tot___ Wolfes auf und heraus kamen die nun glücklich___ Großmutter und das
85 Rotkäppchen. Als sie den Förster erkannten, waren sie sehr froh und dankten ihrem gut___ Retter sehr herzlich. Gleich setzten sie sich an den rund___ Tisch, tranken heiß___ Kaffee,
90 aßen den gut___ Kuchen und waren glücklich___ .

nach einem Märchen der Brüder Grimm

Jedes Jahr kommen viele fremd___ Besucher nach München. In den meist___ größer___ Hotels muss man schon mehrer___ Wochen im Voraus
5 ein Zimmer reservieren. Auch die zahlreich___ klein___ Pensionen haben kaum noch ein frei___ Zimmer. Besonders während des berühmt___ Oktoberfests sind auch alle teur___
10 Hotels ausgebucht. Mancher ausländisch___ Gast findet ein schön___ Privatzimmer bei einer freundlich___ Familie, aber viele haben nicht solches Glück und können froh sein, wenn sie
15 außerhalb der Stadt in einem klein___ Dorf ein frei___ Zimmer in einem Gasthof finden.
Auch die neu___ Studenten, die im erst___ Semester in München studieren,
20 müssen mit groß___ Schwierigkeiten rechnen, wenn sie ein Zimmer suchen. Zwar wurden in den letzt___ Jahren einige neu___ Studentenheime gebaut, doch reichen diese bei weitem nicht
25 aus, um den wachsend___ Bedarf an billigen Wohnmöglichkeiten für die immer größer werdend___ Zahl von Studenten zu decken. Meistens muss man auf ein frei___ Zimmer in einem
30 der beliebt___ Studentenheime vier Semester lang warten. In der Zwischenzeit müssen sie vielleicht in einem der teur___ Appartements wohnen, die in den zahlreich___ Münchner Zeitungen
35 angeboten werden. Viele geldgierig___ Vermieter nutzen die schlecht___ Situation auf dem Wohnungsmarkt,

um noch höher___ Preise für
ihre klein___ Wohnungen zu
40 verlangen.
Zum groß___ Glück gibt es jedoch
noch einige nett___ Vermieterinnen,
die schön___ und preiswert___ Zimmer
an Studenten vermieten. Einige der
45 Studenten haben noch viele Jahre

nach ihrem Studium freundschaftlich___
Kontakte zu ihren früher___ Vermietern.
Besonders ausländisch___ Studenten
finden hier eine willkommen___
50 Gelegenheit, Kontakt mit Deutsch___
zu bekommen und auch ein bisschen
von der bayerisch___ Lebensweise
kennenzulernen.

11 Ergänzen Sie die Endungen.

Der Name der Stadt Rosenheim

Wie wir von einer alt___ Sage her wissen,
hat die oberbayerisch___ Stadt Rosenheim ihren Namen von den viel___
herrlich___ Rosen, die früher in dieser
5 schön___ Gegend gewachsen sein sollen.
Fragt man manche alt___ Rosenheimer, ob diese Sage nicht nur eine
frei erfunden___ Geschichte für
gutgläubig___ Touristen ist, verneinen
10 sie das entschieden. Und auf die
neugierig___ Frage, wie eine der
schönst___ und wohlriechendst___
Blumen denn an das steinig___ Ufer
des Inn gekommen ist, haben sie eine
15 einleuchtend___ Antwort bereit.
Die alt___ Römer brachten die Rosen
mit. Nahe der jetzig___ Stadt hatten sie
an der Kreuzung zweier wichtig___
römisch___ Handelsstraßen ein
20 befestigt___ Lager gebaut. Überreste
solcher römisch___ Lager findet man
auch heute noch an vielen ander___
Stellen in Deutschland.

Die Rosenheimer Bürger erzählen, dass
25 die lebensfroh___ Römer die duftend___
Blütenblätter der Rosen verwendeten, um
verschieden___ Getränke herzustellen.
Die Rosen sollen auch als wohl-
riechend___ Tischschmuck und sogar
30 zum Parfümieren der einfach___ Betten
gedient haben. Als die Römer nach lang-
jährig___ Herrschaft schließlich ver-
trieben wurden, erzählt die Sage weiter,
ließen sie viel___ wunderschön___
35 Rosenstöcke zurück. Diese wuchsen bald
zu einem „Rosenhain" heran. Aus dem
„Rosenhain" wurde später der Name
„Rosenheim". Das Wappen der Stadt, die
östlich von München in der Nähe des
40 idyllisch___ Chiemsees liegt, zeigt eine
gefüllt___ weiß___ Rose auf rot___ Grund.

die Sage, -n: alte Erzählung von Helden und Kriegen
der Inn: Fluss, der durch Rosenheim fließt
die Römer (Pl.): Einwohner des alten Rom
der Hain, -e: kleiner, heller Wald

12 Ergänzen Sie die Endungen.

Der alte Clown

Der schwer___ Vorhang öffnet sich.
Lachend tanzt der Clown in die Arena.
Wie jeden Abend wird er auch diesmal
besonders die Zuschauer erfreuen, die
5 ein wenig traurig aussehen.
In der Mitte der Manege bleibt der
lächelnd___ Clown plötzlich stehen.
Er blickt in die zahllos___ Gesichter.
Seine dick___ rot___ Nase zuckt, und
10 die klein___ weiß___ Papierblume an
seinem schwarz___ Hut bewegt sich.
Endlos lange sieht er sich um.
Ungeduldig rutschen die Zuschauer
auf ihren hart___ Sitzen hin und her.
15 Schließlich geht der Clown mit groß___
Schritten auf ein blond___ Mädchen
zu, das einen grau___ Stoffhund fest
an sich drückt.
„Du siehst ein bisschen traurig aus!",
20 sagt der Clown.
„Ich bin auch ein bisschen traurig!"
antwortet das Mädchen. „Mein arm___
Hund ist nämlich krank."
„Das ist keine gut___ Nachricht.
25 Was fehlt ihm denn?"
„Er kann nicht lachen! Kannst du ihm
das nicht beibringen?"

Nachdenklich legt der Clown den Kopf
schief.
30 „Weißt du", sagt er schließlich, „mit dem
Lachen ist es eine schwierig___ Sache.
Mancher braucht viele mühevoll___
Jahre, um es zu lernen. Andere bemühen
sich ihr ganz___ Leben lang verzweifelt
35 und lernen es nie. Auch dein vier-
beinig___ Freund wird es vielleicht nie
lernen."
Mit groß___ enttäuscht___ Augen
schaut das Mädchen den Clown an.
40 „Aber sei nicht traurig!" fährt der Clown
fort und lacht dem Kind ermunternd zu.
„Auch wer nicht lachen kann, kann sich
freuen. Ist das nicht das Wichtigst___ ?"
Erleichtert drückt das klein___ Mädchen
45 den Stoffhund noch fester an sich.
Das Publikum applaudiert minutenlang.
Der alt___ Clown dreht sich um und geht.
Das war sein letzt___ Auftritt.

13 Komparativ und Superlativ: Bilden Sie die Formen und ordnen Sie zu.

klein	leicht	schnell	früh		klug	dunkel
teuer	~~reich~~	gern	~~arm~~	hübsch	alt	viel
nett	hoch	gut	glücklich	laut	stark	schwierig

regelmäßig   **unregelmäßig**

reicher/am reichsten   ärmer/am ärmsten

...   ...

14 Komparativ:
Formulieren Sie eine Bitte.

1. Frau Laut spricht sehr leise.
   Bitte sprechen Sie lauter!
2. Jemand ist immer so ungeduldig.
3. Ihr Sohn ist nicht höflich zur Nachbarin.
4. Anita geht so langsam.
5. Jemand fährt sehr schnell Auto.
6. Die Kinder helfen ihrer Mutter zu wenig.
7. Jemand geht immer zu spät ins Bett.
8. Ihr Sohn macht das Radio immer so laut.

15 Komparativ:
Ergänzen Sie die Sätze.

Herr Klein ist mit nichts zufrieden.

1. Er hat ein großes Haus, aber *er möchte ein noch größeres Haus.*
2. Er hat eine interessante Arbeit, aber ...
3. Er hat viel Geld, aber ...
4. Er hat eine gute Sekretärin, aber ...
5. Er hat wertvolle Möbel, aber ...
6. Er hat nur ein Kind, aber ...
7. Er hat einen schönen Garten, aber ...
8. Er hat viel Freizeit, aber ...

16 Komparativ: Ergänzen Sie die Formen.

1. Dieses Hotel ist zu teuer. Gibt es hier kein _billigeres_ ?
2. Diese Übungen sind so schwierig. Ich würde lieber _____ Übungen machen.
3. Nein danke, dieser Pullover ist zu dünn. Ich suche einen _____ .
4. Der Weg ist mir zu lang. Kennst du keinen _____
5. Der Job ist mir zu langweilig. Ich suche mir einen _____ .
6. Das Restaurant war nicht gut. Nächstes Mal gehen wir aber in ein _____ .
7. Das Brot ist schon hart. Hast du kein _____ ?
8. Der Wein ist nicht gut. Nächstes Mal kaufen wir einen _____ .

17 Superlativ:
Ergänzen Sie die Formen.

1. ▪ Wer läuft schneller, Judith, Sarah oder Hanna?
   ● Hanna läuft _____ .   schnell
2. ▪ Was ist denn los?
   ● Mein Gott, wir haben die _____ Sache vergessen.   wichtig
3. ▪ Das sind die _____ Schuhe, die ich je gekauft habe.   teuer
   ● Es sind aber auch die_____ , die du je hattest.   elegant
4. ▪ Was sind denn Ihre _____ Reisepläne?   neu
   ● Ich würde _____ nochmal nach Island fahren.   gern
5. ▪ Wer ist die _____ Frau der Welt?   reich
   ● Ich glaube, die Königin von England.
6. ▪ Wer ist denn der _____ Student im Kurs?   jung
   ● Jürgen.

18 Superlativ:
Ergänzen Sie die Formen.

1. der _kürz este_ Weg   kurz
2. die _____ Hotels   gut
3. ihre _____ Jeans   alt
4. die _____ Deutschen   viel
5. die _____ Aufgabe   schwierig
6. meine _____ Schwester   jung
7. der _____ Berg   hoch
8. der _____ Fluss   lang

19 Antworten Sie.

1. Was machen Sie am liebsten?
2. Was können Sie am besten?
3. Was mögen Sie am wenigsten?
4. Was essen Sie am meisten?
5. Welche Schauspielerin finden Sie
   am schönsten?
6. Welchen Film finden Sie am
   interessantesten?

20 Vergleiche: Bilden Sie Sätze.

1. Empire State Building – Eiffelturm –
   hoch
   *Das Empire State Building ist höher
   als der Eiffelturm.*

2. Elefant – Giraffe – dick sein

3. Wohnungen in München –
   Wohnungen in Hamburg – teuer
   sein

4. der ICE in Deutschland – der TGV
   in Frankreich – schnell fahren

5. Eis in Italien – Eis in Deutschland –
   gut schmecken

6. Katze – Maus – groß sein

7. Paris – Rom – mir gut gefallen

8. Eva – Angela – schnell schwimmen

21 Adjektive und Partizipien als Nomen: Ergänzen Sie die Sätze.

1. Beim Oktoberfest in München gibt es immer viele _Betrunkene_ (betrunken).
2. Die Zahl der _____ (arbeitslos) in Deutschland steigt.
3. Während des Sommers kommen viele _____ (fremd) nach Bayern.
4. Das _____ (schlimm; Superlativ) ist, dass ich so vergesslich bin.
5. Alle _____ (angestellt) in Deutschland haben eine Kranken-versicherung.
6. _____ (rothaarig) haben meistens eine helle Haut.
7. Seit er so schwer krank ist, lebt er wie ein _____ (gefangen) in seiner Wohnung.
8. Das _____ (schön; Superlativ) in Bayern sind die Berge.
9. Die _____ (deutsch) trinken mehr Kaffee als Tee.
10. Der Autor begrüßte alle _____ (anwesend) und begann mit seinem Vortrag.

22 Ergänzen Sie die Formen. ▶ *Artikelwörter* Seite 104–106, 139–140

verliebt	ein	*Verliebter*	–	*Verliebte*
arbeitslos	die	_____	alle	_____
neugierig	eine	_____	diese	_____
intellektuell	die	_____	alle	_____
verwandt	der	_____	zwei	_____
blind	die	_____	–	_____
anwesend	ein	_____	viele	_____
böse	eine	_____	manche	_____
bekannt	ein	_____	–	_____

23 Bilden Sie Nomen und geben Sie jeweils eine Definition.

krank	~~jugendlich~~	tot	betrunken	vorgesetzt
~~schwarz~~	schuldig	abwesend		gefangen
arbeitslos	geizig	blond	reisend	verliebt

Ein Schwarzer ist ein Mensch mit dunkler Hautfarbe.
Jugendliche sind …

…

2.4 Nomen
Zahlen

Kardinalzahlen

0	null	21	einundzwanzig
1	eins	22	zweiundzwanzig
2	zwei		...
3	drei	30	dreißig
4	vier	40	vierzig
5	fünf	50	fünfzig
6	sechs	60	sechzig
7	sieben	70	siebzig
8	acht	80	achtzig
9	neun	90	neunzig
10	zehn	100	(ein)hundert
11	**elf**	101	(ein)hunderteins
12	**zwölf**	110	(ein)hundertzehn
13	dreizehn		...
14	vierzehn	1 000	(ein)tausend
15	fünfzehn	10 000	zehntausend
16	**sechzehn**	100 000	(ein)hunderttausend
17	**siebzehn**	1 000 000	eine Million, -en
18	achtzehn	1 000 000 000	eine Milliarde, -n
19	neunzehn		
20	**zwanzig**		

Die Zahl *1* wird vor einem Nomen wie der unbestimmte Artikel dekliniert:

Ich trinke pro Tag nur *eine* Tasse Kaffee.

Ordinalzahlen

1.	der, die, das	erste	20.	der, die, das	zwanzigste	
2.		zweite	21.		einundzwanzigste	
3.		dritte	…			
4.		vierte	99.		neunundneunzigste	
5.		fünfte	100.		hundertste	
6.		sechste	101.		hunderterste	
7.		siebte	…			
8.		achte	1 000.		tausendste	
9.		neunte	1 001.		tausenderste	
10.		zehnte	…			
11.		elfte				
…						
19.		neunzehnte				

1. bis 19.: **-te**   20. bis …: **-ste**

Die Ordinalzahlen werden wie ein Adjektiv dekliniert:

Er kommt am *fünfzehnten* Mai.
Das ist mein *dritter* Versuch.

Zahladverbien

Ich möchte nicht mehr Ski fahren.
Erstens kann ich es nicht gut und *zweitens* ist es teuer.

Weißt du, wer mich gerade angerufen hat?
Dreimal darfst du raten.

Ich brauche diesen Brief in *dreifacher* Kopie.

erstens	einmal	einfach
zweitens	zweimal	zweifach/doppelt
drittens	dreimal	dreifach
viertens	viermal	vierfach
…	…	…

Bruchzahlen, Maße, Gewichte, Geld

man schreibt	*man spricht*
0,5	null Komma fünf
1/2	ein halb
1/3	ein Drittel
1/4	ein Viertel
1 1/2	eineinhalb (oft auch : anderthalb)
2 1/2	zweieinhalb
1 mm	ein Millimeter
1 cm	ein Zentimeter
1 m	ein Meter
1,30 m	ein Meter dreißig
1 km	ein Kilometer
60 km/h	sechzig Stundenkilometer
1 m^2	ein Quadratmeter
1 g	ein Gramm
1 kg	ein Kilo(gramm)
2 Pfd.	zwei Pfund = ein Kilo (1 Pfund = 500 Gramm)
1 l	ein Liter
1 %	ein Prozent
1°	ein Grad (Celsius)
–5°	minus fünf Grad / fünf Grad unter Null
+2°	plus zwei Grad / zwei Grad über Null
3,50 EUR	drei Euro fünfzig
–,30 EUR	dreißig Cent
8,20 sFr	acht Franken zwanzig
–,40 sFr	vierzig Rappen (Schweiz)

▬▬▬▬ Zeitangaben

Uhrzeit

man schreibt	man spricht (formell)	man spricht (informell)
8.05	acht Uhr fünf	fünf nach acht
8.15	acht Uhr fünfzehn	Viertel nach acht
8.20	acht Uhr zwanzig	zwanzig nach acht
8.30	acht Uhr dreißig	halb neun
8.40	acht Uhr vierzig	zwanzig vor neun
8.45	acht Uhr fünfundvierzig	Viertel vor neun
8.55	acht Uhr fünfundfünfzig	fünf vor neun
21.30	einundzwanzig Uhr dreißig	halb zehn
0.05	null Uhr fünf	fünf nach zwölf

die Sekunde, -n   sekundenlang
die Minute, -n   minutenlang
die Stunde, -n   stundenlang

Datum

man schreibt	man spricht
1998	neunzehnhundertachtundneunzig
1. April	erster April – Heute ist der erste April.
1. 4.	erster Vierter – Heute ist der erste Vierte.
7. Mai 1975	Ich bin am siebten Mai neunzehnhundertfünfundsiebzig geboren.
7. 5. 1975	Ich bin am siebten Fünften neunzehnhundertfünfundsiebzig geboren.
Berlin, den 12. 6. 1980	Berlin, den zwölften Sechsten neunzehnhundertachtzig

Tage, Monate, Jahreszeiten

Wochentage

der/am Sonntag	sonntags
der/am Montag	montags
der/am Dienstag	dienstags
der/am Mittwoch	mittwochs
der/am Donnerstag	donnerstags
der/am Freitag	freitags
der/am Samstag	samstags
der Wochentag, -e	werktags
das/am Wochenende	–
der Tag, -e	tagelang
die Woche, -n	wochenlang

Am Sonntag fahren wir in die Berge. = am nächsten Sonntag
Sonntags schlafe ich immer länger. = jeden Sonntag

Tag
Tageszeiten

der/am Tag, -e	tagsüber
der/am Morgen	morgens
der/am Abend, -e	abends
der/am Vormittag, -e	vormittags
der/am Nachmittag, -e	nachmittags
die/**in** der Nacht, -e	nachts
der/am Mittag	mittags
die/**um** Mitternacht	–

Monate

der/im Januar	der/im Juli
der/im Februar	der/im August
der/im März	der/im September
der/im April	der/im Oktober
der/im Mai	der/im November
der/im Juni	der/im Dezember

Jahreszeiten

der/im Frühling	der/im Herbst
der/im Sommer	der/im Winter
das Jahr, -e	jahrelang
das Jahrzehnt, -e	jahrzehntelang
das Jahrhundert, -e	jahrhundertelang

▶ Übungen 1–5

1 Schreiben Sie die Beträge in Buchstaben.

1. 39,90 EUR   *neununddreißig Euro neunzig*
2. 99,30 EUR
3. 119,– sFr
4. 680,– EUR
5. 3,15 EUR
6. 4,10 sFr
7. 29,80 EUR
8. 5,20 EUR
9. 4,80 sFr
10. 39,20 EUR

2 Schreiben Sie die Zeitangaben in Buchstaben (formell und informell).

1. 23.10 Uhr   *Es ist dreiundzwanzig Uhr zehn. / Es ist zehn nach elf.*
2. 8.30 Uhr
3. 15.45 Uhr
4. 21.05 Uhr
5. 6.40 Uhr
6. 9.15 Uhr
7. 11.20 Uhr
8. 1.15 Uhr
9. 7.55 Uhr
10. 22.10 Uhr

3 Schreiben Sie die Datumsangaben in Buchstaben.

1. Wann ist Johann Wolfgang von Goethe geboren?   28. 8. 1749
   Am achtundzwanzigsten Achten siebzehnhundertneunundvierzig.
2. Wann ist Johann Sebastian Bach geboren?   21. 3. 1685
3. Wann ist Ludwig van Beethoven geboren?   17. 12. 1770
4. Wann ist Caspar David Friedrich geboren?   5. 9. 1774
5. Wann ist Otto Graf von Bismarck geboren?   1. 4. 1815
6. Wann ist Thomas Mann geboren?   6. 6. 1875
7. Wann ist Franz Marc geboren?   8. 2. 1880
8. Wann ist Bertolt Brecht geboren?   10. 2. 1898
9. Und Sie? Wann sind Sie geboren?
10. Wann sind Ihr Vater und Ihre Mutter geboren?

4 Schreiben Sie die Datumsangaben in Buchstaben.

1. Wien, den 21. 3. 1988
2. Bis wann muss ich das Formular abgeben? – Bis spätestens 31. 12.
3. Wann fliegen Sie nach Sydney? – Am 30. 7.
4. Wann habt ihr geheiratet? – Am 22. 2. 1965.
5. Wann ist dieses Buch erschienen? – 1996.
6. Der Wievielte ist heute? – Der 4.
7. Wann werden Sie zurück sein? – Nicht vor dem 12.
8. Wie lange ist das Geschäft geschlossen? – Vom 1. 8. bis 24. 8.

5 Ergänzen Sie die Sätze.

1. Geben Sie mir bitte _____ (2 kg) Kartoffeln und _____ (1 Pfd.) Karotten.

2. Mein Bett ist _____ (2 m) lang und _____ (1,20 m) breit.

3. _____ (jeden Montag) muss ich immer etwas länger im Büro bleiben.

4. Diese Schuhe sind von sehr guter Qualität. Sie sind sogar _____ (2 x) genäht.

5. Ich habe gestern_____ (4 x) bei dir angerufen, aber du warst nie zu Hause.

6. Deutsches Bier hat durchschnittlich _____ (6 %) Alkohol.

7. Letzte Nacht war es sehr kalt. Es hatte _____ (–10°).

8. Kannst du mir bitte _____ (3 l) Milch mitbringen, wenn du einkaufen gehst?

9. _____ (jeden Morgen) trinke ich lieber Kaffee, _____ (jeden Nachmittag) lieber Tee.

10. Ich habe _____ (viele Jahre) auf diese Gelegenheit gewartet.

11. Das ist schon mein _____ (3.) Versuch, ihn telefonisch zu erreichen.

12. Ungefähr _____ (1/3) meiner Studenten spricht schon sehr gut Deutsch.

2.5 Nomen Pronomen

Mit Pronomen können Satzteile, Sätze und Texte ersetzt werden.
Man kann mit ihnen kurz wiederholen, was man bereits gesagt hat.

■ Ich habe mir eine neue Uhr gekauft.
● Zeig mal. **Die** ist aber sehr schön.   *statt*: **Die neue Uhr** ist sehr schön.

■ Glaubst du, dass wir den nächsten
  Zug noch erreichen können?
● Ich weiß **es** nicht.   *statt*: Ich weiß nicht, **ob wir den
                              nächsten Zug noch erreichen können.**

■ *eine Person erzählt, was sie im
  Urlaub erlebt hat*
● Das ist ja wirklich interessant!   *statt alles zu wiederholen, was
                                        gesagt wurde*

Übersicht

Personalpronomen   ▶ Seite 138

ich, du, er, sie, es …   Wo ist der Hausschlüssel?
                                Hast *du* ihn?

+ *Präposition*   Ich komme gleich.
                                Warte bitte *auf mich*.

**Pronomen, die wie bestimmte
Artikelwörter dekliniert werden**   ▶ Seite 139–140

der, die, das, die   Das Kleid dort, *das* finde ich
                                schön.

dieser, diese, dieses, diese   Welcher Hut gefällt dir? –
                                Dieser da.

(jener, jene, jenes, jene)   *veraltet*
jeder, jede, jedes, alle   Das kann doch *jeder*!
                                Das wissen doch schon *alle*.

mancher, manche, manches, manche	Hier muss ich dir noch *manches* erklären. *wird meistens im Plural verwendet*: Manche machen das noch falsch.
viele (*Plural*)	Es waren ziemlich *viele* da.
wenige (*Plural*)	Diesmal sind nur *wenige* gekommen.
beide (*Plural*)	Ja, es waren *beide* da.
einige (*Plural*)	*Einige* haben abgesagt.

Pronomen mit eigener Deklination   ▶ Seite 141–142

einer, eine, eins, welche	Hast du ein Wörterbuch? – Ja, zu Hause habe ich *eins*.
keiner, keine, keins, keine	Nein, ich habe auch *keins*.
irgendeiner, irgendeine, irgendeins, irgendwelche	*Irgendeiner* wird sich schon melden.
meiner, meine, meins, meine*	Dieses Fahrrad da? Nein, das ist nicht *meins*.
welcher, welche, welches, –	Soll ich Milch kaufen? – Nein, wir haben noch *welche*.
man	*Man* soll sich nicht zu früh freuen.
jemand, niemand	Ist *jemand* da?
wer	Siehst du *wen*? – Ja, da ist *wer*.
viel, wenig	Ich habe heute nur *wenig* gegessen.
alles (*Singular*)	Ich habe leider fast *alles* vergessen.
etwas, nichts	Siehst du *etwas*? – Nein, *nichts*.

* Hierzu gehören auch: deiner, seiner, ihrer / Ihrer, uns(e)rer, eurer.

Fragepronomen   ▶ Seite 143–144

warum	wohin	was	was für ein
wann	mit wem	wie	wie viel
woher	womit	wer	welcher
wo			

Reflexivpronomen ▶ Seite 145

mich	uns
dich	euch
sich	

Relativpronomen ▶ Seite 145–147

der, die, das, was, wo, wofür, für den …

Das Wort *es* ▶ Seite 148–149

 **Personalpronomen**

Abends las	*die Großmutter*	*den Kindern*	immer Geschichten vor.
Abends las	*sie*	*ihnen*	immer Geschichten vor.

	Singular					**Plural**		
Nominativ	ich	du	er	sie	es	wir	ihr	sie/Sie
Akkusativ	mich	dich	ihn	sie	es	uns	euch	sie/Sie
Dativ	mir	dir	ihm	ihr	ihm	uns	euch	ihnen/Ihnen
Genitiv	*wird nur selten gebraucht*							

▶ Übungen 1–6

Anmerkung Zum Gebrauch der Anreden *du, ihr, euch, Sie* und *Ihnen*
- *du* (Sing.), *ihr* und *euch* (Pl.) sagt man zu Kindern, Freunden und Verwandten.
- *Sie* und *Ihnen* (Sing./Pl.) sagt man zu fremden Erwachsenen. In Briefen schreibt man die Pronomen für die angesprochene(n) Person(en) groß: *Sie, Ihnen, Ihr, Ihre.*

Pronomen, die wie bestimmte Artikelwörter dekliniert werden

Zur Erinnerung – Memobox 1

bestimmte Artikelwörter

	m.	f.	n.	Pl.
Nom.	-r	-e	-s	-e
Akk.	-n	-e	-s	-e
Dat.	-m	-r	-m	-n
Gen.	-s	-r	-s	-r

der, die, das, die

▮ Das Bild gefällt mir gut.
● Welches meinst du?
meist am Satzanfang, betont:
▮ *Das* dort rechts in der Ecke.

▮ Siehst du den Typ da?
● *Den* kenne ich nicht. Wer ist *das*?

▮ Warum ist dein Mann nicht mitgekommen?
● Er ist doch krank.
▮ Ach so, *das* habe ich nicht gewusst.

dieser, diese, dieses, diese

▮ Dieses Buch hier finde ich langweilig. Hast du kein interessanteres für mich?
● Doch, schau mal, *dieses* hier könnte dir gefallen.

jeder, jede, jedes, alle

▮ Ich arbeite zur Zeit jedes Wochenende.
● Das hast du schon *jedem* erzählt.

mancher, manche, manches, manche

▮ Haben Sie alle Wörter verstanden?
● Nein, *manche* nicht.

139

viele, wenige
Plural

■ Heute waren nicht alle Studenten da, aber relativ *viele* im Vergleich zu anderen Tagen.

beide
Plural

■ Kommst du mit beiden Kindern oder lässt du deinen Sohn allein zu Hause.
● Nein, ich bringe *beide* mit.

einige
Plural

■ Kommen in Ihrer Klasse alle pünktlich zum Unterricht?
● Nein, *einige* kommen immer zu spät.

Zum Vergleich:

Wie findest du **die** Vase?	**Sie** ist sehr schön.	**Die** finde ich sehr schön.
Artikelwort *Sprecher zeigt nur eine Vase*	*Personalpronomen* *unbetont*	*Demonstrativpronomen* *betont*
Wie findest du **diese** weiße Vase?	**Sie** ist sehr schön.	**Diese** finde ich sehr schön, aber die andere nicht.
Demonstrativartikel *es gibt mehrere Vasen* *zur Wahl*	*Personalpronomen* *unbetont*	*Demonstrativpronomen* *betont (= im Vergleich zu anderen Vasen)*

▶ Übungen 7–8

Pronomen mit eigener Deklination

Zur Erinnerung:
Memobox 1

bestimmte Artikelwörter

	m.	f.	n.	Pl.
Nom.	-r	-e	-s	-e
Akk.	-n	-e	-s	-e
Dat.	-m	-r	-m	-n
Gen.	-s	-r	-s	-r

Der letzte Buchstabe des Pronomens ist identisch mit dem letzten Buchstaben des bestimmten Artikels.

Beispiel:

der	die	das	die
einer	eine	eins	welche

Pronomen	Beispiele
einer, eine, eins, welche	▪ Das ist aber ein schönes Taschenmesser! ● Ja, ich hätte auch gern so *eins*. ▪ Hast du Bücher von Goethe? ● Ja, natürlich habe ich *welche*. Soll ich dir *eins* leihen?
keiner, keine, keins, keine	▪ Was, du hast wirklich kein Taschenmesser? ● Nein, ich darf mir *keins* kaufen. ▪ Gut, dann schenke ich dir *eins*.
irgendeiner, irgendeine, irgendeins, irgendwelche	▪ Hast du irgendein deutsches Buch, das du mir leihen könntest? ● Ja, klar. Was liest du gern? ▪ Gib mir *irgendeins*, das leicht zu verstehen ist.
meiner, meine, meins, meine	▪ Gib her, das ist mein Ball. ● Nein, das ist nicht *deiner*, das ist *meiner*.
welcher, welche, welches, –	▪ Soll ich Bier vom Einkaufen mitbringen? ● Nein, wir haben noch *welches*. (= *keine zählbare Menge*)

man

	Nom.	man	*Man* macht im Urlaub nur, was *man* gerne tut.
	Akk.	einen	Diese laute Musik kann *einen* ziemlich stören. (*nicht an 1. Position!*)
	Dat.	einem	Im Urlaub macht man nur, was *einem* gefällt. (*nicht an 1. Position!*)

jemand, niemand

	Nom.	jemand, niemand	Leider hat mir *niemand* geholfen.
	Akk.	jemand(en), niemand(en)	Ja, ich sehe *jemand* dort hinten.
	Dat.	jemand(em), niemand(em)	Ich leihe *niemand* mein neues Auto.

Die Formen mit -*en*/-*em* werden seltener verwendet.

wer

	Nom.	wer	Achtung, da kommt *wer*.
	Akk.	wen	Siehst du *wen*?
	Dat.	wem	Gib das (irgend)*wem*. Ich brauche es nicht mehr.

viel, wenig

	Nom.	viel/vieles	*Viel/Vieles* war mir neu.
		wenig	Ihm hat nur *wenig* in diesem Geschäft gefallen.
	Akk.	viel/vieles	Ich habe *viel/vieles* nicht verstanden.
		wenig	Ich habe nur *wenig* verstanden.
	Dat.	vielem	Er war mit *vielem* nicht einverstanden.
		wenigem	Er war nur mit *wenigem* einverstanden.

alles

	Nom.	alles	*Alles*, was er sagte, war interessant.
	Akk.	alles	Ich habe *alles* gesehen.
	Dat.	allem	Ich bin mit *allem* einverstanden.

etwas, nichts

| | Nom. | ■ | Haben Sie heute schon *etwas* gegessen? |
| | | ● | Nein, noch *nichts*. |

▶ Übungen 9–14

Fragepronomen

Fragewort	Frage nach ...
Warum kommst du so spät? ● Weil ich verschlafen habe.	Grund (kausal)
Wann bist du aufgewacht? ● Um 11 Uhr.	Zeit (temporal)
Woher kommen Sie? ● Aus Argentinien. **Wo** sind Sie geboren? ● In Buenos Aires. **Wohin** fahren Sie im Urlaub? ● Nach Brasilien.	Ort (lokal)
Wie geht es Ihnen? ● Danke, gut.	Art und Weise (modal)
Wer sitzt da in deinem Auto? ● Das ist mein Bruder. **Was** hat dir am besten geschmeckt? ● Die Suppe.	Person (Nominativ) Sache (Nominativ)
Wen habt ihr gestern Abend getroffen? ● Meinen Kollegen. **Was** habt ihr am Abend gemacht? ● Wir sind in die Disco gegangen.	Person (Akkusativ) Sache (Akkusativ)
Wem hast du dein Fahrrad geliehen? ● Meiner Freundin.	Person (Dativ)

Definitionsfrage

▨ Guten Tag, ich hätte gern eine
   Flasche Wein.
● **Was für einen** möchten Sie?   allgemeine Frage
▨ Einen französischen Rotwein.
● Da hätten wir zum Beispiel einen
   sehr guten Bordeaux oder Beaujolais.
   Welchen möchten Sie gern   Auswahl aus einer
   probieren?   bestimmten Menge

▨ **Wie viel** Geld hast du dabei?   Singular
● Ungefähr 50 Euro.

▨ **Wie viele** Flaschen Wein hast du   Plural
   gekauft?
● Drei.

Fragewort mit Präposition

▨ **Über wen** ärgerst du dich denn jetzt   Frage nach einer
   schon wieder?   Person
● Über meinen Freund.
   Er hat nie Zeit für mich.

▨ **Worüber** ärgerst du dich denn so?   unbestimmte Frage
● Über meine schlechte Note in der
   Prüfung.

▶ *Verben mit Präpositionen* Seite 79–80

direkte Frage	**indirekte Frage**
• *mit Fragepronomen (W-Frage)*	
Was machen Sie heute Abend?	Darf ich Sie fragen, **was** Sie heute Abend machen?
• *ohne Fragepronomen (Ja-/Nein-Frage)*	
Gehst du heute Abend mit ins Kino?	Sie möchte wissen, **ob** ich mit ins Kino gehe.

▶ Übungen 15–19

Reflexivpronomen

Ich habe **mich** im Urlaub gut erholt.	*sich erholen* (Pronomen = Akkusativ)		
Ich wasche **mir** die Hände.	*sich waschen* (Pronomen = Dativ)		

	Singular			**Plural**		
Nom. *(selten)*	ich	du	er, sie, es	wir	ihr	sie/Sie
Akkusativ	mich	dich	sich	uns	euch	sich
Dativ	mir	dir	sich	uns	euch	sich

▶ *Reflexive Verben* Seite 50–52

Relativpronomen

Gebrauch

Mit einem Relativsatz kann man eine Person oder Sache genauer beschreiben. Er kann sich auf ein Nomen, ein Pronomen oder auf einen ganzen Satz beziehen.

Das ist mein Freund. Er spielt sehr gut Klavier.	*Hauptsatz + Hauptsatz*
Das ist <u>mein Freund</u>, **der** sehr gut Klavier spielt.	*Hauptsatz + Nebensatz*
Bezugswort Relativpronomen	
Das ist mein Freund. Ich habe ihn im Urlaub kennengelernt.	*Hauptsatz + Hauptsatz*
Das ist <u>mein Freund</u>, **den** ich im Urlaub kennengelernt habe.	*Hauptsatz + Nebensatz*
Bezugswort Relativpronomen	

Das Bezugswort determiniert Genus (= maskulin, feminin, neutrum) und Numerus (= Singular, Plural) des Relativpronomens.

Der Kasus des Relativpronomens hängt davon ab, welchen Satzteil das Relativpronomen im Nebensatz ersetzt. Die Frage lautet jeweils: Ist es Subjekt (= Nominativ)? Ist es Objekt (= Akkusativ oder Dativ)? Oder ist es Genitivattribut (= Genitiv)?

Formen

	maskulin	feminin	neutrum	Plural
Nominativ	der	die	das	die
Akkusativ	den	die	das	die
Dativ	dem	der	dem	denen
Genitiv	dessen	deren	dessen	deren

Außer den Formen des Genitiv und Dativ Plural sind die Relativpronomen identisch mit dem bestimmten Artikel.

Der Relativsatz bezieht sich auf ein Nomen

Relativpronomen = Subjekt (Nom.)
Das ist der Freund, **der** sehr gut Klavier spielt.

Relativpronomen = Objekt (Akk.)
Das ist der Freund, **den** ich im Urlaub kennengelernt habe.

Relativpronomen = Objekt (Dat.)
Das ist der Freund, **dem** ich schon viel von dir erzählt habe.

Relativpronomen = Genitivattribut
Das ist der Freund, **dessen** Foto dir so gut gefallen hat.

Verb + Präposition
Der Pianist, **von dem** ich dir erzählt habe, heißt Antonio Vargas.

Ort
Das ist das Haus, **in dem/wo** Mozart geboren ist.

Städte- und Ländernamen
Das ist Salzburg, **wo** Mozart geboren ist.

substantiviertes Adjektiv/Superlativ
Das ist das Beste, **was** du machen konntest.

Der Relativsatz bezieht sich auf ein Pronomen

nach *das, etwas, nichts, alles, vieles …*
Er sagte mir alles, **was** er wusste.

Verb + Präposition
Es gibt vieles, **wofür** ich mich interessiere.

nach *jemand, niemand, einer, keiner …*
Vor der Tür steht jemand, **der** dich sprechen will.

Verb + Präposition
Es gibt hier niemand, **auf den** ich mich wirklich verlassen kann.

Der Relativsatz bezieht sich auf einen ganzen Satz

Endlich hat er mein Auto repariert, **was** ich mir seit langem
gewünscht habe.

Verb + Präposition
Endlich hat er mein Auto repariert, **worauf** ich schon lange
gewartet habe.

Der Relativsatz folgt möglichst direkt nach seinem
Bezugswort. Ist er jedoch sehr lang und / oder folgen danach
nur noch ein oder zwei Wörter, so ist es besser, den Hauptsatz
zuerst zu beenden.

Gestern habe ich endlich Gabis neuen Freund, von dem sie
mir schon so viel erzählt hat, getroffen.
besser:
Gestern habe ich endlich Gabis neuen Freund getroffen, von
dem sie mir schon so viel erzählt hat.

▶ Übungen 20–27

▮▮▮ Das Wort *es*

> Das Wort *es* kann drei Funktionen haben:
>
> Pronomen (*es* ist obligatorisch)
> Formale Ergänzung bei einigen Verben (*es* ist obligatorisch)
> Platzhalter auf Position 1 (*es* kann wegfallen)

Pronomen (*es* ist obligatorisch)

▨ Wo ist mein Wörterbuch?

● **Es** liegt doch dort auf dem Tisch.*   *Nominativ*

oder:

● Ich sehe **es** auch nicht.*   *Akkusativ (nicht am Satzanfang!)*

▨ Wer ist der Mann?   *Frage nach etwas Unbekanntem*

● Ich weiß nicht, wer das ist.

oder:

● Ich weiß **es** nicht.*   *ersetzt einen Nebensatz*

▨ Mir gefällt **es** nicht, wenn du immer zu spät zum Essen kommst.   *vorläufiges Subjekt (Nebensatz folgt)*

* In diesen Sätzen kann man *es* auch durch *das* ersetzen.
  Das steht jedoch nur am Satzanfang:
  Das liegt doch dort auf dem Tisch.
  Das sehe ich auch nicht.
  Das weiß ich nicht.

Formale Ergänzung bei einigen Verben (*es* ist obligatorisch)

Es regnet.	*Wetter*
Es klingelt.	*Geräusche*
Es ist spät.	*Tages- und Jahreszeiten*
Es wird Abend.	
Es wird Winter.	
Es geht mir gut.	*persönliches Befinden*
Es ist mir kalt.	
Es gefällt mir.	
Es schmeckt mir.	
Es tut weh.	
Es gibt …	*unpersönliche Ausdrücke*
Es ist notwendig …	
Es ist verboten …	
Es ist möglich …	
Es tut mir leid …	
Ich habe es eilig.**	*Redewendungen*
Du machst es dir leicht.**	
Ich finde es hier schön.**	
Es handelt sich um …	

** In diesen Sätzen kann *es* nicht am Satzanfang stehen.

Platzhalter auf Position 1 (*es* kann wegfallen)

Hier hat *es* keine inhaltliche Bedeutung und kann wegfallen, wenn ein anderes Satzglied an die erste Position tritt.

Es warten schon die Gäste.
stilistisch besser: Die Gäste warten schon.

Es wird hier eine neue Straße gebaut.
stilistisch besser: Hier wird eine neue Straße gebaut.

▶ Übungen 28–29

1 Personalpronomen im Nominativ: Ergänzen Sie die Formen.

1. Wo ist Papa? – _Er_____ ist im Wohnzimmer.
2. Wo sind die Kinder? – _____ spielen in ihrem Zimmer.
3. Was macht Oma? – _____ kocht.
4. Dieses Kleid ist mir zu teuer. _____ kostet 149,– Euro.
5. Kommst du morgen auch zur Party? – Nein, _____ kann leider nicht.
6. Und was macht ihr am Wochenende? – _____ wissen es noch nicht.
7. Wann kommt sie denn endlich? – _____ weißt doch, _____ kommt immer zu spät.
8. Kinder, _____ sollt doch nicht so laut sein. Opa will schlafen.

3 Personalpronomen im Dativ: Ergänzen Sie die Formen.

1. Kannst du _____ bitte ein Glas aus der Küche mitbringen?
2. Wir haben schon verstanden. Mehr brauchst du _____ nicht zu erklären.
3. Wie geht es _____ ? Habt ihr immer noch so viel zu tun?
4. Du hast _____ wirklich viel geholfen. Ich weiß gar nicht, wie ich _____ dafür danken kann.
5. Frau Gärtner, ich kann _____ dabei leider nicht mehr helfen. Ich muss jetzt dringend weg.
6. Er ist immer so hilfsbereit. Deshalb helfe ich _____ auch immer.
7. Sie hat heute Geburtstag. Hast du _____ schon gratuliert?
8. Möchtest du wirklich nicht kommen? Überleg es _____ doch noch einmal.

2 Personalpronomen im Akkusativ: Formulieren Sie Fragen und Antworten.

-e Tasche	-s Geld
Schuhe (Pl.)	-r Mantel
-r Kalender	-s Buch
Schlüssel (Pl.)	~~-e Brille~~
-s Adressbuch	
Hunde (Pl.)	Antonia

Wo ist denn meine Brille? Ich finde sie nicht.
...

4 Personalpronomen im Akkusativ: Ergänzen Sie die Formen.

1. ▪ Ist Ingrid schon zu Hause?
   ● Ich weiß nicht, ich habe _____ noch nicht gesehen.
2. ▪ Haben Sie schon mit Herrn Müller gesprochen?
   ● Nein, ich habe _____ noch nicht getroffen.
3. ▪ Wissen Sie, dass sie ein neues Auto hat?
   ● Ja, ich habe _____ schon gesehen.
4. ▪ Wie geht es deiner Mutter? Ist sie immer noch krank?
   ● Ich weiß nicht, ich habe _____ heute noch nicht angerufen.
5. ▪ Wo ist mein Wörterbuch. Hast du _____ gesehen?
   ● Nein.
6. ▪ Geben Sie mir doch mal bitte den Terminkalender.
   ● Wo ist er? Ich finde _____ nicht.

5 Personalpronomen im Nominativ (N), Akkusativ (A) oder Dativ (D):
Ergänzen Sie die Formen. **Hinweis:** Die Anredepronomen in der Höflichkeits-
form schreibt man in Briefen groß.

Sehr geehrte Frau Bremer, sehr geehrter Herr Bremer,

wie geht es __Ihnen__ *(D)? Wohin sind* _____ *(N) nach Ihrem Besuch bei*
_____ *(D) noch gefahren? Hatten* _____ *(N) noch eine schöne Zeit in*
Portugal?

Ich habe mich sehr gefreut, _____ *(A) nach so langer Zeit wiederzusehen*
und ein paar Tage mit _____ *(D) in unserem Haus am Meer zu verbringen.*
Es war eine sehr schöne Zeit, und ich denke noch oft daran.

_____ *(D) geht es gut.* _____ *(N) bin nach dem Urlaub wieder nach*
Lissabon zurückgekehrt und habe leider zur Zeit viel Arbeit. Aber ich hoffe
sehr, dass ich bald einmal Zeit habe, _____ *(A) in Düsseldorf zu besuchen.*

Herzliche Grüße *Mariana*

---

6 Schreiben Sie den Brief der Übung 5.
an zwei Freunde in der *du*-Form.

Liebe Monika, lieber Heinrich,

wie geht es __euch__ *(D)? Wohin seid ...*

---

7 Schreiben Sie kurze Dialoge.

Im Kaufhaus. Irene und Christina
brauchen noch ein paar Dinge für ihren
Urlaub.

-r Sonnenhut   -e Sonnenbrille

-s T-Shirt   Sandalen (Pl.)

Badehandtücher (Pl.)

- r Minirock   -e Tasche

-r Badeanzug

Ich brauche noch einen Badeanzug.
Wie findest du diesen hier?
Den finde ich nicht so schön.
Und den hier?
Der ist besser.
...

8 Schreiben Sie kurze Dialoge.

Im Möbelgeschäft. Herr und Frau Bertelsheim suchen Möbel für ihre neue Wohnung. Herr Bertelsheim hat immer etwas zu kritisieren.

klein	-s Bett	-s Sofa
~~groß~~	-e Kommode	
hässlich		
modern	-e Wanduhr	
teuer	~~-r Schrank~~	
breit	-r Teppich	
altmodisch	Lampen (Pl.)	
dunkel	-r Tisch	

■ *Wie findest du diesen Schrank?*
● *Den da? Der ist viel zu groß.*
…

10 Ergänzen Sie die Antworten.

1. Ist das Peters Kassette (f.)? – Ja, das ist *seine* .
2. Ist das Elisabeths Mantel (m.)? – Nein, das ist m_____ .
3. Ist das rote hier euer Auto (n.)? – Ja, das ist _____ .
4. Ist das Ihre CD (f.)? – Nein, das ist s_____ .
5. Ist das deine Brieftasche (f.)? – Ja, das ist _____ .
6. Ist das Theos Fahrrad (n.)? – Nein, das ist m_____ .
7. Ist das dein Bleistift (m.)? – Ja, das ist _____ .
8. Ist das Katharinas und Angelas Spielzeug (n.)? – Ja, das ist _____ .

9 Schreiben Sie kurze Dialoge.

-s Gasthaus	-r Bahnhof
	-e Bäckerei
-s Kino	
-e Bank	-r Kinderspielplatz
	~~-s Hotel~~ -e Kirche
-r Strand	-r Arzt

■ *Entschuldigen Sie bitte, gibt es hier in diesem Dorf ein Hotel?*
● *Ja, hier gibt es eins.*
oder:
● *Nein, hier gibt es keins.*
…

11 Ergänzen Sie *einer, eine, eins, welche* oder *keiner, keine, keins, keine.*

1. ■ Ich brauche schnell einen Stift.
   ● Dort drüben liegt doch *einer* .
2. ■ Möchtest du ein Eis?
   ● Nein danke, jetzt möchte ich _____ , ich habe vorhin erst _____ gegessen.
3. ■ Was suchen Sie denn?
   ● Ein Glas. Ich hatte schon _____ , aber ich weiß nicht mehr, wo es ist.
   ■ Kein Problem, dort hinten stehen noch _____ .
4. ■ Das ist aber ein toller Pullover. So _____ hätte ich auch gern.
   ● Dann kauf dir doch auch _____ , es gibt noch _____ .
5. ■ Wo sind denn die Zitronen?
   ● Ich habe _____ gekauft.
   ■ Aber warum denn nicht?
   ● Es gab _____ mehr.

12 Ergänzen Sie *man, irgendeiner, jemand, niemand, jeder, wer.*

1. Bitte stell das Telefon leise. Ich möchte jetzt schlafen und mit _____ sprechen.
2. Das ist nicht so schlimm. Das kann doch _____ mal passieren!
3. Könnte mir bitte _____ von euch kurz helfen? Ich muss diese Bücher hier in die Bibliothek bringen.
4. _____ nichts hat, dem kann _____ auch nichts nehmen. (Sprichwort)
5. _____ braucht nicht immer alles so zu machen wie die anderen.
6. Ach, da sind Sie ja, gerade hat _____ für Sie angerufen. Ich habe den Namen hier aufgeschrieben.
7. Tut uns Leid, aber heute hat _____ von uns Zeit, zur Firma Hellwig zu fahren. – Das gibt es doch nicht, _____ von Ihnen wird doch wohl eine halbe Stunde Zeit haben!
8. Die Reifen am Auto wechseln? Das ist doch kein Problem, das kann doch _____ ! Und _____ das nicht kann, muss eben dafür bezahlen.
9. Weiß _____ von Ihnen, wie spät es ist?
10. Dieser ewige Regen macht _____ ganz schön depressiv.

13 Ergänzen Sie die Endungen.

1. ▨ Wohnst du schon lange hier in dies___ Stadt?
   ● Ja, seit mein___ Kindheit. Ich kenne hier jed___ Straße, jed___ Haus und natürlich all___ Leute, die in unser___ Haus leben. Einig___ von ihnen habe ich allerdings lange nicht mehr gesehen.
2. ▨ Welcher Pullover gefällt Ihnen besser? Dies___ rote oder d___ blaue dort?
   ● Ich finde beid___ nicht schön. Schauen Sie doch mal, wie gefällt Ihnen dies___ hier?
3. ▨ Magst du die Musik von Phil Collins?
   ● Manch___ Stücke finde ich ganz gut, aber nicht all___ .
   ▨ Welche gefallen dir denn nicht?
   ● Dies___ langsamen finde ich schrecklich langweilig.
4. ▨ Frau Rautmann ist doch wirklich super! Sie hilft all___ Studenten und ist immer so freundlich.
   ● Ja, das stimmt wirklich. Und dabei können einig___ von ihnen ganz schön nerven! Aber sie behält immer die Ruhe.
5. ▨ Warum ziehst du denn immer dies___ hässliche Jacke an?
   ● Ich habe sonst kein___ .
   ▨ Dann kauf dir doch mal ein___ neue. Gefällt sie denn dein___ Freundin?
   ● Ja, sie findet sie auch toll.

14 Ergänzen Sie *etwas, nichts, viel, wenig, alles* oder *viele, wenige*.

1. Ich kann leider keine großen Reisen machen. Ich verdiene nur _____ .
2. Du denkst immer, dass du _____ besser weißt.
3. Kannst du mir etwas über Goethe erzählen? Du weißt doch _____ über ihn.
4. Heute haben _____ Leute ein Auto.
5. Sie möchte wirklich Deutsch lernen, aber leider hat sie so _____ Zeit.
6. Ich weiß nicht, was er macht. Ich habe lange _____ von ihm gehört.
7. Was, mit nur so _____ Gepäck willst du vier Wochen in Urlaub fahren? Das reicht nie!
8. Ich habe Ihnen schon _____ gesagt, was ich weiß.
9. Ich habe in meiner Schulzeit schon Deutsch gelernt. Aber leider habe ich _____ vergessen und muss es jetzt noch einmal lernen.
10. Haben Sie _____ verstanden? – Nein, nicht sehr _____ .

15 Welche Sätze gehören zusammen? Ordnen Sie zu.

1	2	3	4	5	6	7

1. Wann kommst du zurück?
2. Wer hat das gesagt?
3. Mit wem hast du gerade telefoniert?
4. Woher kommen Sie?
5. Wie geht es Ihnen?
6. Was machen Sie am Samstag?
7. Warum lernst du so viel?

a Mit meinem Freund.
b Weil ich morgen eine Prüfung habe.
c Ich fahre in die Berge.
d Ungefähr in einer Stunde.
e Mein Vater.
f Aus Finnland.
g Danke gut.

16 Fragepronomen: Ergänzen Sie die Sätze.

1. _____ sind Sie heute früh aufgestanden? – Um sechs Uhr.
2. _____ hast du Frau Berger nicht gegrüßt? – Weil ich sie nicht gesehen habe.
3. _____ hast du morgen zum Abendessen eingeladen? – Julia.
4. _____ haben Sie Deutsch gelernt? – In der Schule.
5. _____ hat Ihnen der Film gefallen? – Sehr gut.
6. _____ Stadt hat Ihnen besser gefallen, Hamburg oder Berlin? – Berlin.
7. _____ hast du dein Auto geliehen? – Meinem Freund.
8. _____ hat denn gerade angerufen? – Mein Bruder.

17 Ergänzen Sie *welcher, welche, welches* oder *was für ein, was für welche*.

1. ▪ _____ Fahrrad haben Sie sich denn gekauft?
   ● Ein Mountainbike.

2. ▪ _____ Eis magst du lieber? Deutsches oder italienisches?
   ● Italienisches.

3. ▪ _____ deutsche Oper gefällt dir am besten?
   ● Die Zauberflöte.

4. ▪ _____ Computer soll ich mir denn kaufen?
   ● Da kann ich dir leider nicht helfen. Ich habe nicht viel Ahnung von Computern.

18 Formulieren Sie Fragen.

1. Ich fahre morgen nach XY.
   Wohin fahren Sie morgen?

2. Die Gäste kommen um XY Uhr.

3. Meine Freundin wohnt in XY.

4. Ich möchte lieber XY.

5. Ich denke immer noch oft an XY.

6. XY kommt uns am Wochenende besuchen.

7. Gestern habe ich XY getroffen.

8. Ich heiße XY.

9. Wir haben XY ein lustiges Buch geschenkt.

10. Mein Mann interessiert sich gar nicht für XY.

19 Wie könnten die Fragen heißen?

1. *Woher kommen Sie?* — Aus Russland.
2. _____ — In Moskau.
3. _____ — Vor zwei Stunden.
4. _____ — Meinem Kind.
5. _____ — Auf den Bus.
6. _____ — Das ist die Brieftasche meines Vaters.
7. _____ — Der Polizist.
8. _____ — Im Hotel „Gloria".

20 Welche Sätze gehören zusammen? Ordnen Sie zu.

1	
2	
3	
4	
5	
6	

1. Ich mag gern Leute,
2. Sie interessiert sich für vieles,
3. Das ist meine Kollegin,
4. Wie heißt der Schriftsteller,
5. Sind das deine Freunde,
6. Ich fahre im Januar nach Andalusien,

a der den „Zauberberg" geschrieben hat?
b mit denen du immer Ski fahren gehst?
c die lustig sind.
d wo auch im Winter meistens die Sonne scheint.
e wofür ich mich auch interessiere.
f die mir sehr geholfen hat.

21 Bilden Sie Sätze.

Elena sucht einen Mann, ...

1. groß – ist – schlank – der – und
   ... der groß und schlank ist.
2. tanzen – dem – sie – oft – gehen – mit – kann
3. sie – den – kann – bewundern
4. Charakter – gefällt – dessen – ihr
5. sie – Spaß – mit – machen – dem – kann – viel
6. gern – macht – der – Sport

22 Ergänzen Sie das Relativpronomen.

1. Wer ist der Mann,
   _____ du gestern getroffen hast?
   _____ dort hinten steht?
   _____ du so lange Briefe schreibst?
2. Wer ist die Frau,
   _____ du gestern getroffen hast?
   _____ dort hinten steht?
   _____ du so lange Briefe schreibst?
3. Was sind das für Leute,
   _____ du gestern getroffen hast?
   _____ dort hinten stehen?
   _____ du so lange Briefe schreibst?

23 Erklären Sie die Wörter.

1. Tennisschuhe (Schuhe, zum Tennisspielen anziehen)
   Das sind Schuhe, die man zum Tennisspielen anzieht.
2. Meerestier (Tier, im Meer leben)
3. Wochenzeitung (Zeitung, einmal pro Woche erscheinen)
4. Sprachschule (Schule, Sprachen lernen)
5. Spielcasino (Haus, Leute spielen Roulette)
6. Kinderbett
7. Student
8. Gästezimmer
9. Skischuhe
10. Heizofen

24 Verben mit Präpositionen im Relativsatz: *auf das* oder *worauf*?

> Das Relativpronomen bezieht sich auf ein Nomen oder auf eine Person (auch Pronomen *jemand, niemand, k/einer*): *von dem, auf den, für die …*
>
> *Das Paket, auf das* ich schon lange gewartet habe, ist heute endlich angekommen. Es gibt hier *niemand, auf den* ich mich wirklich verlassen kann.
>
> Das Relativpronomen bezieht sich auf einen ganzen Satz oder auf die Pronomen *vieles, alles, nichts, etwas, einiges …*: *worauf, wofür, wovon, womit …*
>
> *Endlich hat sie uns besucht, worauf* wir schon lange gewartet haben. Ich muss immer *alles* machen, *worum* sie sich nicht kümmert.

Ergänzen Sie die Sätze. Manchmal sind beide Formen möglich.

1. Die Frau, _____ ich mich im Urlaub so verliebt habe, hat mich gestern angerufen. (sich verlieben in + Akk.)
2. Das ist etwas, _____ ich mich auch sehr interessiere. (sich interessieren für + Akk.)
3. Die Arbeiter haben eine Lohnerhöhung bekommen, _____ sie lange gekämpft haben. (kämpfen für + Akk.)
4. Leider hat mich niemand im Krankenhaus besucht, _____ ich mich sehr geärgert habe. (sich ärgern über + Akk.)
5. Letzte Woche ist meine kranke Nachbarin gestorben, _____ ich mich in den letzten Monaten viel gekümmert habe. (sich kümmern um + Akk.)
6. Zum Glück hat er die Hausschlüssel mitgenommen, _____ ich nicht gedacht habe. (denken an + Akk.)
7. Die neue Lektion, _____ wir heute im Unterricht begonnen haben, ist sehr interessant. (beginnen mit + Dat.)
8. Gibt es denn nichts, _____ du dich freust? (sich freuen über + Akk.)

25 Genitiv: Ergänzen Sie das Relativpronomen.

1. Eine Frau/Ein Kind/Ein Mann, …
   … _____ Namen ich leider vergessen habe, hat gestern angerufen.
2. Ein Freund/Eine Freundin, …
   … _____ Fahrrad kaputt war, wollte sich meins leihen.
3. Eine Blume/ein Baum/ein Busch, …
   _____ Blätter plötzlich braun werden, ist krank.

26 Ergänzen Sie das Relativpronomen.

1. Ich möchte nur in Wohnungen wohnen,
   - _____ einen großen Balkon haben.
   - _____ Fußböden aus Holz sind.
   - _____ ich Trompete spielen darf.
   - _____ im Stadtzentrum liegen.

2. Ich mache einiges,
   - _____ mein Chef besser nicht wissen sollte.
   - _____ sich meine Eltern ärgern.
   - _____ ich mich früher nie interessiert hätte.
   - _____ schlecht für meine Gesundheit ist.

3. Rom ist eine Stadt,
   - _____ mir sehr gefällt.
   - _____ es viele alte Kirchen gibt.
   - _____ ich gern mal wieder fahren würde.
   - _____ man sehr gut leben kann.

4. Meine Tochter hat ihr Examen bestanden,
   - _____ ich nie erwartet hätte.
   - _____ ich mich sehr gefreut habe.
   - _____ sie viel gelernt hat.
   - _____ sie sehr glücklich gemacht hat.

5. Johannes ist jemand,
   - _____ immer zu viel Geld ausgibt.
   - _____ ich mich oft ärgere.
   - _____ man nicht vertrauen kann.
   - _____ mit den Frauen spielt.

27 Ergänzen Sie das Relativpronomen.

1. Ich möchte in einer Stadt wohnen, _____ es viele gute Cafes gibt.
2. Das ist das Dümmste, _____ ich je gehört habe.
3. Kinder, _____ Eltern berufstätig sind, werden meist früher selbständig.
4. Das ist genau das, _____ ich auch sagen wollte.
5. Ich mag keine Leute, _____ nicht zuhören können.
6. Hier ist ein Foto von Torremolinos, _____ wir immer Urlaub machen.
7. Das ist alles, _____ ich Ihnen zu diesem Thema sagen kann.
8. Wie heißt der Autor, _____ neues Buch du so gut fandest?
9. Gestern hat mich mein Chef im Krankenhaus besucht, _____ ich nie erwartet habe.
10. Hast du Freunde, _____ du dich wirklich verlassen kannst?
11. Paris, _____ ich komme, ist für mich die schönste Stadt der Welt.
12. Ich kann nicht mit Frauen zusammen sein, _____ Parfüm mir nicht gefällt.

28 Wo fehlt ein *es*? Ergänzen Sie die Sätze.

1. _Es_ ist mir klar, dass ich noch viel lernen muss.
2. Mir ist ___ klar, dass ich noch viel lernen muss.
3. In diesem Restaurant wird ___ sehr gut gekocht.
4. Komm, wir gehen nach Hause. ___ wird bald dunkel.
5. Wohin hast du mein Buch getan? – Schau doch, dort auf dem Stuhl liegt ___ .
6. Heute Abend wird ___ im Fernsehen ein interessanter Film gezeigt.
7. Wir brauchen noch Stühle. ___ kommen sicher viele Leute.
8. ___ ist wichtig, dass wir uns gesund ernähren.
9. Morgen regnet ___ sicher.
10. Hat er das Paket schon zur Post gebracht? – Ich weiß ___ nicht.
11. Hast du gestern Abend das Fußballspiel gesehen? – Nein, ich konnte ___ leider nicht sehen, weil unser Fernseher kaputt ist.
12. ___ tut mir leid, dass ich Sie gestört habe.

29 Bilden Sie Sätze mit oder ohne *es*.

1. notwendig – ist / früh – wir – aufstehen – dass – morgen
   Es ist notwendig, dass wir morgen früh aufstehen.

2. mir – sagen – Sie / passiert – ist – wie

3. gehört – du – hast / geklingelt – hat – ob?

4. spät – ist – schon

5. dem Kranken – gut – wieder – geht – zum Glück

6. er – eilig – immer – hat – leider

7. Rauchen – verboten – ist – hier

8. mir – nicht – gefällt / so viel – wenn – fernsehen – du

3.1 Partikeln
Präpositionen

Präpositionen stellen eine Beziehung zwischen Satzelementen her.

Sie können stehen

vor einem Nomen   Ich fahre *nach Deutschland.*

vor einem Pronomen   Ich komme später *zu dir.*

vor einem Adverb   Gehen Sie bitte *nach rechts.*

Einige Präpositionen können vor und nach einem Nomen / Pronomen stehen (*entlang, gegenüber, nach*).

▬▬▬ Übersicht

Präpositionen mit festem Kasus

mit Dativ	mit Akkusativ	mit Genitiv
aus	durch	während*
bei	für	wegen*
mit	gegen	(an)statt*
nach	ohne	trotz*
seit	um	
von		
zu		
ab	entlang	außerhalb
gegenüber	(*nach dem Nomen*)	innerhalb

* in der gesprochenen Sprache meist mit Dativ

160

Wechselpräpositionen

mit Dativ oder Akkusativ		
an	in	unter
auf	neben	vor
hinter	über	zwischen

Wechselpräpositionen in lokaler Bedeutung	wo? → Dativ	
	wohin? → Akkusativ	
Wechselpräpositionen in temporaler Bedeutung	wann? → Dativ	

Kurzformen

Einige Präpositionen können mit dem bestimmten Artikel – wenn er nicht betont ist – eine Kurzform bilden:

an	+	dem	→	am	Das Rathaus liegt am Marktplatz.
an	+	das	→	ans	Wir fahren ans Meer.
bei	+	dem	→	beim	Ich habe mich beim Skifahren verletzt.
in	+	das	→	ins	Ich gehe jetzt ins Kino.
in	+	dem	→	im	Im letzten Sommer war es hier sehr heiß.
von	+	dem	→	vom	Ich habe das vom Chef gehört.
zu	+	der	→	zur	Ich gehe jetzt zur Schule.
zu	+	dem	→	zum	Ich gehe jetzt zum Supermarkt.

aber: Ich gehe jetzt *in das* Kino, das du mir empfohlen hast.

Hier ist ein bestimmtes Kino gemeint. Der Artikel ist betont und bildet keine Kurzform mit der Präposition.

Präpositionen in lokaler Bedeutung

Präpositionen in lokaler Bedeutung stehen bei den Fragen:

Woher komme ich? → Herkunft
Wo bin ich? → Ort
Wohin gehe ich? → Richtung, Ziel

	woher?		**wo?**	**wohin?**
①	aus	↔	in + *Dat.*	nach
②	aus	↔	in + *Dat.*	in + *Akk.*
③	von		auf + *Dat.*	auf + *Akk.*
④	von		an + *Dat.*	an + *Akk.*
⑤	von		an + *Dat.*	zu
⑥	aus		in	zu
⑦	von		bei	zu
	Herkunft		**Ort**	**Richtung**
	aus, von		an, auf, in, bei	an, auf, in, nach, zu

Zur Unterscheidung von *aus* und *von*:

- *Aus* benutzt man, wenn man auch *in* sagen kann:
  Ich nehme das Buch *aus dem* Regal.
  Ich lege das Buch *ins* Regal.

- *Von* benutzt man, wenn man nicht *in* sagen kann:
  Ich komme gerade *vom* Strand.
  Ich gehe *an den / zum* Strand.

In der nachfolgenden Übersicht kann man ein paar einfache Regeln erkennen:

an	am Rand von etwas
nach	nur bei Namen von Städten und Ländern, Kontinenten
zu	Richtung, Ziel

Positions- und Richtungspräpositionen

	Wo sind Sie?	**Wohin** gehen / fahren Sie?
①	**in** + *Dat.*	**nach**
Stadt	Ich wohne *in* Rom.	Ich fahre *nach* Rom.
Land (ohne Artikel)	Ich wohne *in* Italien.	Ich fahre *nach* Italien.
②	**in** + *Dat.*	**in** + *Akk.*
Gebäude	Ich bin gerade *im* Büro.	Ich gehe jetzt *ins* Büro.
Landschaft, Gebirge	Ich wohne *im* Schwarzwald.	Ich fahre *in den* Schwarz-wald.
Land (mit Artikel)	Ich wohne *in der* Schweiz.	Ich fahre *in die* Schweiz.
Straße	Ich wohne *in der* Maistraße.	Ich gehe *in die* Maistraße.
③	**auf** + *Dat.*	**auf** + *Akk.*
Platz	Die Suppe steht *auf* dem Tisch.	Ich stelle die Suppe *auf den* Tisch.
Berg	Ich war heute *auf* der Zugspitze.	Ich gehe morgen *auf die* Zugspitze.
Inselgruppen	Wir waren *auf* den Malediven.	Wir fahren *auf die* Malediven.
Inseln	Wir waren *auf* Kreta.	Wir fahren *auf/nach* Kreta.
④	**an** + *Dat.*	**an** + *Akk.*
Meer, Fluss, See	Ich mache Urlaub *am* Mittelmeer.	Ich fahre *ans* Mittelmeer.
Strand, Ufer	Ich war heute lange *am* Strand.	Ich gehe *an den/zum* Strand.
⑤	**an** + *Dat.*	**zu**
Platz (Name)	Ich bin gerade *am* Marktplatz.	Ich gehe jetzt *zum* Marktplatz.
⑥	**in** + *Dat.*	**zu**
Geschäft	Ich bin gerade *in der* Apotheke.	Ich gehe jetzt *zur* Apotheke.
Bank, Post	Ich bin gerade *in/auf der* Post.	Ich gehe *zur/auf die* Post.
⑦	**bei**	**zu**
Person	Ich war gerade *beim* Chef. *Ausnahme* Ich bin gerade *zu* Hause.	Ich gehe jetzt *zum* Chef. Ich gehe jetzt *nach* Hause.

Wechselpräpositionen in lokaler Bedeutung

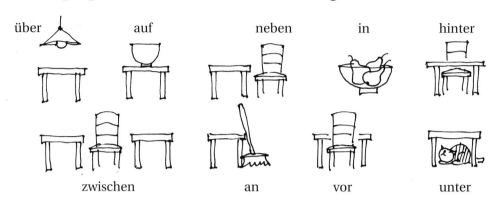

über   auf   neben   in   hinter

zwischen   an   vor   unter

setzen / sitzen – stellen / stehen – legen / liegen – hängen / hängen

In Verbindung mit den lokalen Wechselpräpositionen wird oft eine Gruppe von Verben benutzt, die ähnlich aussehen, aber verschiedene Kasus verlangen.

Bewegung, Ortsveränderung	Resultat einer Aktion, Ruhezustand
wohin + Akkusativ	**wo** + Dativ
(sich) setzen, setzte, hat gesetzt Ich setze mich *auf das* Sofa.	sitzen, saß, ist / hat gesessen Ich sitze *auf dem* Sofa.
(sich) stellen, stellte, hat gestellt Ich stelle das Glas *auf den* Tisch.	stehen, stand, ist / hat gestanden Das Glas steht *auf dem* Tisch.
(sich) legen, legte, hat gelegt Ich lege mich jetzt *ins* Bett.	liegen, lag, ist / hat gelegen Ich liege schon *im* Bett.
hängen, hängte, hat gehängt Ich hänge die Lampe *über den* Esstisch.	hängen, hing, ist / hat gehangen Die Lampe hängt *über dem* Esstisch.
regelmäßige Verben	unregelmäßige Verben

164

Alle Präpositionen in lokaler Bedeutung

mit Dativ

ab	Ausgangspunkt	Ich fliege *ab* Frankfurt mit Lufthansa.
aus	Bewegung aus Raum Herkunft	Sie geht *aus dem* Haus. Sie kommt *aus* Deutschland.
bei	Ort in der Nähe Person Arbeitsplatz	Wiesbaden liegt *bei* Frankfurt. Ich wohne noch *bei meinen* Eltern. Ich arbeite *bei* Siemens.
gegenüber	andere Seite Person (nachgestellt)	*Gegenüber der* Post gibt es ein Café. *Der* Post *gegenüber* gibt es ein Café. *Mir gegenüber* saß ein netter Mann.
nach	Orts- und Ländernamen ohne Artikel Richtungsangaben	Ich fahre morgen *nach* Hamburg. Ich fahre *nach* Holland / Spanien.* Gehen Sie *nach* unten / links / Osten.
von	Ausgangspunkt Ersatz für Genitiv	Ich komme gerade *vom* Büro / *von* *meiner* Freundin / *von* unten. Das ist die Kassette *von meinem* Bruder.
zu	Ziel	Ich fahre jetzt *zu meinem* Freund / *zum* Bahnhof.

* Bei Ländernamen mit Artikel: Ich fahre *in die* Schweiz / *in die* Türkei …

mit Akkusativ

bis	Ort (Endpunkt) ohne Artikel	*Bis* Frankfurt am Main sind es mindestens noch 200 km.
bis zu + *Dat.* bis an	Ort (Endpunkt) mit Artikel	*Bis zum* Strand sind es 5 Minuten. Geh nicht *bis an den* Rand des Abhangs!
durch	Bewegung durch etwas	Die Katze springt *durch das* Fenster.
entlang *(nachgestellt)*	parallele Bewegung	Gehen Sie immer *diese* Straße *entlang*.
gegen	Richtung mit Berührung	Das Auto fuhr *gegen den* Baum.
um (herum)	um Mittelpunkt	Die Kinder sitzen *um den* Weihnachts- baum. Ich gehe *um das* Haus (herum).

mit Dativ oder Akkusativ

an	seitliche Berührung	wo	Das Bild hängt *an der* Wand.
		wohin	Ich hänge das Bild *an die* Wand.
	Rand	wo	Köln liegt *am* Rhein.
		wohin	Wir fahren *ans* Meer.
	Platz	wo	Der Tisch steht *an der* Wand.
		wohin	Ich stelle den Tisch *an die* Wand.
auf	Berührung von oben	wo	Die Tasse steht *auf dem* Tisch.
		wohin	Ich stelle die Tasse *auf den* Tisch.
	Post, Bank	wo	Er arbeitet *auf der* Post.
		wohin	Ich gehe jetzt *auf die* Bank.
hinter	Rückseite von etwas	wo	Das Kind versteckt sich *hinter der* Mutter.
		wohin	Er stellt den Koffer *hinter die* Tür.
in	im Inneren von etwas	wo	Ich liege *im* Bett.
		wohin	Ich lege mich jetzt *ins* Bett.
	räumliche Begrenzung	wo	Die Kinder spielen *im* Garten.
		wohin	Ich gehe jetzt *in den* Garten.
	Erdteil	wo	Wir waren schon *in* Europa.
		wohin	– (vergleiche *nach*)
	Länder, Orte	wo	Wir waren schon *in* Italien / *in* Rom.
		wohin	– (vergleiche *nach*)
	Landschaft, Gebirge	wo	Wir waren schon *im* Schwarzwald / *im* Gebirge.
		wohin	Wir fahren *in den* Schwarzwald / *ins* Gebirge.
neben	sehr nahe, an der Seite	wo	Der Schrank steht *neben der* Tür.
		wohin	Wir stellen den Schrank *neben die* Tür.
über	oberhalb (ohne Berührung)	wo	Die Lampe hängt *über dem* Tisch.
		wohin	Wir hängen die Lampe *über den* Tisch.
	quer / schräg	wo	–
		wohin	Wir gehen schnell *über die* Straße.

	Ort am Weg	wo	–
		wohin	Wir fahren *über* Frankfurt nach München.
unter	unterhalb	wo	Die Katze liegt *unter der* Bank.
		wohin	Die Katze legt sich *unter die* Bank.
	Gruppe	wo	*Unter den* Zuhörern wird eine Reise verlost.
		wohin	Sie verteilen Flugblätter *unter die* Passanten.
vor	Vorderseite	wo	*Vor dem* Haus steht ein alter Baum.
		wohin	Wir stellen das Auto *vor die* Garage.
zwischen	etwa in der Mitte	wo	Ich sitze *zwischen den* beiden Kindern.
		wohin	Ich setze mich *zwischen die* beiden Kinder.

mit Genitiv

| **außerhalb** | nicht im Inneren | Ich wohne lieber *außerhalb* der Stadt. |
| **innerhalb** | im Inneren | Diese Fahrkarte ist nur *innerhalb* der Stadt gültig. |

wohin + Akkusativ

Richtung, Bewegung auf ein Ziel

wo + Dativ

Ort, Bewegung nur innerhalb eines Ortes

▶ Übungen 1–17

Präpositionen in temporaler Bedeutung

Präpositionen in temporaler Bedeutung stehen bei der Frage:

Wann passiert etwas? → Zeitpunkt, Dauer

**Präpositionen
mit festem Kasus**

mit Dativ	mit Akkusativ	mit Genitiv
ab	bis	während*
aus	für	innerhalb
bei	gegen	außerhalb
nach	um	
seit		
von (... bis / an)		
zu		

* in der gesprochenen Sprache meist mit Dativ

**Wechsel-
präpositionen**

mit Dativ	mit Akkusativ
an	über
in	
vor	
zwischen	

Wechselpräpositionen in lokaler Bedeutung	wo?	→	Dativ
	wohin?	→	Akkusativ
Wechselpräpositionen in temporaler Bedeutung	wann?	→	Dativ
	(Ausnahme: *über*)		

Zeitpunkt

an + *Dat.*	Tag	Hoffentlich schneit es *am* Sonntag!
	Datum	J.W. von Goethe ist *am* 28.8.1749 geboren.
	Tageszeit	Ich gehe *am* Nachmittag ins Schwimmbad.
		Ausnahme: *in der* Nacht
	Feiertag	Wir kommen *an* Weihnachten.
aus + *Dat.*	zeitliche Herkunft	Dieses Bild ist *aus dem* 18. Jahrhundert.
gegen + *Akk.*	ungenaue Tageszeit	Wir kommen *gegen* Mittag zurück.
	ungenaue Uhrzeit	Wir kommen *gegen* 13 Uhr zurück.
in + *Dat.**	Woche	Ich mache das *in der* nächsten Woche.
	Monat	Er besucht mich *im* Mai.
	Jahreszeit	Wir fahren *im* Winter nach Teneriffa.
	Jahrhundert	Mozart ist *im* 18. Jahrhundert geboren.
	zukünftiger Zeitpunkt	Ich bin *in* fünf Minuten zurück.
nach + *Dat.*	nach etwas anderem	Kommst du *nach dem* Unterricht zu mir?
um + *Akk.*	genaue Uhrzeit	Der Zug kommt *um* 15.34 Uhr an.
	ungenaue Zeitangabe	J.W. von Goethe ist so *um* 1750 geboren.
vor + *Dat.*	vor etwas anderem	Gehen wir *vor dem* Abendessen noch spazieren?

* Jahreszahlen stehen entweder allein oder mit *im Jahre* (veraltet):
J.W. von Goethe ist 1749 geboren. – J.W. von Goethe ist im Jahre 1749 geboren.

Zeitdauer

ab + *Dat.*	Beginn in der Gegenwart	*Ab* heute habe ich Urlaub.
von ... an + *Dat.*	Beginn in der Zukunft	*Von* heute *an* habe ich Urlaub.
		Ab nächster Woche habe ich Urlaub.
		Von nächster Woche *an* habe ich Urlaub.
seit + *Dat.*	Beginn in der Vergangenheit	Meine Mutter ist *seit* Montag zu Besuch.
von + *Dat. ... bis*	Beginn und Ende	Ich habe *vom* 15. *bis* 29.5. Urlaub.
zwischen + *Dat.*	Beginn und Ende	*Zwischen dem* 2. und 5. April ist das Büro geschlossen.
in + *Dat.*	Zeitdauer (ungenau)	*In den* letzten Jahren war ich oft krank.

bis + *Dat.*	Endpunkt	Ich habe noch *bis* Sonntag Urlaub.
innerhalb + *Gen.*	Endpunkt	Diese Arbeit muss *innerhalb eines* Monats fertig sein.*
innerhalb von + *Dat.*	Endpunkt	Diese Arbeit muss *innerhalb von einem* Monat fertig sein.*
außerhalb + *Gen.*	Zeitdauer	*Außerhalb der* Bürozeiten können Sie eine Nachricht auf dem Anrufbeantworter hinterlassen.
bei + *Dat.*	Zeitpunkt/Zeitdauer	*Beim* Essen erzählte sie mir von ihrer Reise. (oft mit substantiviertem Verb gebraucht)
während + *Gen./Dat.*	Zeitdauer	*Während des* Essens erzählte sie mir von ihrer Reise. *
zu	Zeitdauer	*Zu dieser* Zeit war ich in Urlaub.
über + *Akk.*	Zeitdauer	Wir fahren *übers* Wochenende weg.
–/… lang *(nachgestellt)*	Zeitdauer in Gegenwart oder Vergangenheit	Wir waren im Juli drei Wochen in Rom. Wir waren im Juli drei Wochen *lang* in Rom.**
–/für …	Zeitdauer in der Zukunft	Ich bleibe zwei Jahre in Deutschland. Ich bleibe *für* zwei Jahre in Deutschland.**

* mit Genitiv meist in geschriebener Sprache; mit Dativ meist in gesprochener Sprache
** Man kann diesen Satz mit oder ohne Präposition bilden.

▶ Übungen 18–25

Präpositionen in modaler Bedeutung

Präpositionen in modaler Bedeutung stehen bei den Fragen:

Wie mache ich das? → Art und Weise
Wie ist das? → Eigenschaft, Beschaffenheit

Präpositionen mit festem Kasus	mit Dativ	mit Akkusativ
	aus mit nach zu	ohne

Wechsel-präpositionen	mit Dativ	mit Akkusativ
	in	auf

auf + *Akk.*	Dieser Film ist *auf* Deutsch. Er macht alles *auf* seine Art.
aus + *Dat.*	Dieser Pullover ist *aus* Baumwolle.
in + *Dat.*	Ich habe jetzt leider keine Zeit. Ich bin *in* Eile. Ich habe das nur *im* Spaß gesagt.
mit + *Dat.*	Ich fahre *mit dem* Zug nach Dresden. Sie trinkt Tee immer *mit* Milch.
nach + *Dat.* *(nachgestellt)*	Meiner Meinung *nach* wird es heute noch regnen. Bitte der Reihe *nach* anstellen.
ohne + *Akk.*	Er macht nichts *ohne* seine Frau.
zu + *Dat.*	Ich gehe gern noch ein bisschen *zu* Fuß. *Zum* Glück ist sie nicht verletzt.

▶ Übung 26

Präpositionen in kausaler Bedeutung

Präpositionen in kausaler Bedeutung stehen bei der Frage:

Warum ist das so?　　→　Grund, Ursache

Präpositionen mit festem Kasus	mit Dativ	mit Genitiv / Dativ
	aus bei	wegen

Wechsel-präpositionen	mit Dativ
	vor

aus + *Dat.*	Motiv für eine Handlung	Ich helfe ihr *aus* Mitleid / *aus* Freundschaft. Er ist sehr krank. *Aus diesem* Grund müsst ihr ihm helfen.
bei + *Dat.*	Grund / Ursache	*Bei diesem* schlechten Wetter gehe ich nicht spazieren.
vor + *Dat.*	Wirkung auf eine Person	Sie zittert *vor* Angst / *vor* Kälte. Das Kind weint *vor* Schmerzen.
wegen + *Gen./Dat.*	Grund / Ursache	*Wegen des* schlechten Wetters hat das Fußballspiel nicht stattgefunden. *Wegen dir* sind wir zu spät gekommen!

Satzelemente mit Präpositionen in kausaler Bedeutung können durch einen Nebensatz mit *weil* ersetzt werden:

Ich helfe ihr *aus* Mitleid.	→	Ich helfe ihr, *weil* ich Mitleid mit ihr habe.
Sie zittert *vor* Angst.	→	Sie zittert, *weil* sie Angst hat.

▶ Übung 27

1 *in, an, auf, zu* (= wohin?) – *aus, von* (= woher?): Ergänzen Sie die Präpositionen und den Artikel. Manchmal gibt es zwei Möglichkeiten.

Sie geht / fährt …		Sie kommt gerade …	
1.	_zur/in die_ Bäckerei (f.).	_aus der_ Bäckerei.
2.	_____ Büro (n.).	_____ Büro.
3.	_____ Kirchplatz (m.).	_____ Kirchplatz.
4.	_____ Fichtelgebirge (n.).	_____ Fichtelgebirge.
5.	_____ Bank (f.).	_____ Bank.
6.	_____ Supermarkt (m.) zum Einkaufen.	_____ Supermarkt.
7.	_____ See (m.) zum Schwimmen.	_____ See.
8.	_____ Kanarischen Inseln (Pl.).	_____ Kanarischen Inseln.
9.	_____ Blumenstraße (f.).	_____ Blumenstraße.
10.	_____ Oper (f.).	_____ Oper.

2 Schreiben Sie die Sätze der Übung 1 im Präteritum.

Wo war sie?

1. *Sie war in der Bäckerei.*
…

3 Dativ (wo?) oder Akkusativ (wohin?):
Ergänzen Sie *in, an, auf* und Artikel.

1. ▨ Kommst du mit mir heute _____ Stadion (n.) zum Fußballspiel?
   ● Tut mir Leid, aber ich habe keine Zeit. Ich fahre mit meiner Familie _____ See (m.) zum Baden.
2. ▨ Wo haben Sie denn diesen tollen Hut gekauft?
   ● _____ Kaufhaus (n.) _____ Marktplatz (m.).
3. ▨ Ich muss noch Geld wechseln. Wo kann ich das machen?
   ● _____ Bank (f.).
4. ▨ Wir möchten im Sommer _____ Seychellen (Pl.) fliegen. Wissen Sie, wie teuer ein Flug dorthin ist?
   ● Nein, leider nicht. Aber gehen Sie doch _____ Reisebüro (n.) nebenan und fragen Sie dort.
5. ▨ Kinder, warum geht ihr denn bei diesem schönen Wetter nicht _____ Park (m.), sondern sitzt den ganzen Tag hier _____ Zimmer (n.)?
   ● Wir waren heute Vormittag schon _____ Park (m.), und jetzt wollen wir hier _____ Wohnung (f.) bleiben und fernsehen.

4 *in* (+ Akk.) oder *nach*: Ergänzen Sie Präpositionen und Artikel.

Sie fährt …

1. _____ Schweiz.
2. _____ London.
3. _____ Türkei.
4. _____ Kalifornien.
5. _____ Asien.
6. _____ Alpen.
7. _____ Holland.
8. _____ USA.

5 *von* oder *aus* (woher?): Ergänzen Sie Präpositionen und Artikel.

1. ◼ Hallo Ingrid, was machst denn du hier?
   ● Ich komme gerade _____ Büro und bin auf dem Weg nach Hause.
2. ◼ Woher wissen Sie das?
   ● _____ Herrn Steffen.
3. ◼ Woher kommst du jetzt?
   ● _____ Arzt.
4. ◼ Wann kommt denn Ihre Frau _____ Krankenhaus?
   ● Nächste Woche.

6 Ergänzen Sie die Sätze mit den angegebenen Nomen und *in, auf* oder *zu*. Manchmal gibt es zwei Möglichkeiten.

Zur Unterscheidung
in und *zu* bei Gebäuden / Geschäften:
zu   das Ziel wird betont;
       ich bleibe nur kurz dort:
       Ich gehe jetzt *zur* Bäckerei.
in   Aufenthalt in einem Haus;
       ich bleibe länger dort:
       Ich gehe heute *ins* Theater.

Bei Post und Bank kann man *zu* und *auf* benutzen:
zu   immer möglich:
       Ich gehe *zur* Bank / Post / Bäckerei.
auf nur bei Post und Bank möglich:
       Ich gehe *auf die* Post / Bank.

Bei Plätzen immer *zu*:
       Ich gehe *zum* Marktplatz.

Ungefähre Regel
Zu können Sie bei Gebäuden immer sagen, außer wenn Sie länger in diesem Haus bleiben.

◼ Reisebüro (n.)	Apotheke (f.) ◼
◼ Flughafen (m.)	Kino (n.) ◼
◼ Metzgerei (f.)	Restaurant (n.) ◼
◼ Buchhandlung (f.)	Bank (f.) ◼

1. Er möchte Fleisch kaufen.
   Er geht _____ .
2. Sie möchte sich einen Film ansehen.
   Sie geht _____ .
3. Wir müssen Tabletten kaufen.
   Wir gehen _____ .
4. Sie wollen eine Reise buchen.
   Sie gehen _____ .
5. Ich muss nach Berlin fliegen.
   Ich fahre _____ .
6. Sie wollen mit Freunden essen gehen.
   Sie gehen _____ .
7. Er will ein Buch kaufen.
   Er geht _____ .
8. Sie will Geld wechseln.
   Sie geht _____ .

7 Schreiben Sie die Sätze der Übung 6 im Präteritum.

1. *Er war …*
…

8 *bei* (wo?) oder *zu* (wohin?): Ergänzen Sie Präpositionen und Artikel.

1. ▨ Was haben Sie denn am Wochenende gemacht?
   ● Am Wochenende war ich _____ meiner Freundin in Dresden.
2. ▨ Wohin gehst du?
   ● _____ Nachbarin.
3. ▨ Wo waren Sie denn? Ich habe Sie überall gesucht!
   ● Ich war nur kurz _____ meinem Kollegen im Nebenzimmer.
4. ▨ Du wolltest doch heute noch _____ Frisör gehen.
   ● Eigentlich schon, aber ich habe leider keinen Termin mehr bekommen.

9 Ergänzen Sie die Präpositionen und Artikel.

1. Nächste Woche möchte ich _____ meiner Oma _____ Schweiz fahren. Meine Großeltern haben früher _____ Süddeutschland gewohnt, aber seit ein paar Jahren wohnen sie nun _____ Schweiz. Dort haben sie sich ein Haus _____ einem kleinen See _____ Bergen gekauft.

2. In München war ich _____ Olympiaturm, _____ Olympiastadion, _____ Deutschen Museum, _____ Englischen Garten, _____ Isar (f.), _____ meiner Tante, _____ Leopoldstraße _____ Schwabing, _____ Marienplatz und _____ Biergarten _____ Kleinhesseloher See.

10 Dativ oder Akkusativ: Bilden Sie Sätze und ergänzen Sie dabei die Artikel.

1. tragen – bitte – der Keller – in – das Bier – Sie
   Tragen Sie bitte das Bier in den Keller.
2. der Mantel – die Garderobe – hängen – an – er
3. der Schrank – stehen – in – die Weingläser
4. auf – der Atlas – die Kommode – liegen
5. hängen – über – du – warum – die Lampe – der Fernseher?
6. die Zeitung – er – unter – legen – das Sofa – immer
7. dein Fahrrad – vor – stehen – die Haustür
8. räumen – die Spülmaschine – das Geschirr – er – nie – in

11 Bilden Sie Dialoge mit den angegebenen Präpositionen und den Verben *liegen/legen, stellen/stehen, hängen.*

	in		an	'	unter		~~auf~~	
	zwischen		in		neben		an	

1. Sweatshirt (n.) – Bett (n.)
   - ▨ *Mama, wo ist denn mein Sweatshirt?*
   - ● *Ich habe es auf dein Bett gelegt.*
   - ▨ *Es liegt aber nicht mehr auf dem Bett!*
   - ● *Dann weiß ich auch nicht, wo es ist.*
2. Jacke (f.) – Garderobe (f.)
3. Fußball (m.) – Keller (m.)
4. Schere (f.) – Schublade (f.)
5. Schlüssel (Pl.) – Schlüssel-brett (n.)
6. Schuhe (Pl.) – Bank (f.)
7. Tasche (f.) – Regal (n.) und Schrank (m.)
8. Taschenlampe (f.) – Lexikon (n.)

12 Bilden Sie Fragen und Antworten.

Das ist Dominiks unordentliches Zimmer. Wo liegen/stehen/hängen seine Sachen?

Wo liegt die Armbanduhr? – Sie liegt unter dem Tisch neben dem Bett. Wo …

13 Bilden Sie Fragen und Antworten wie in Übung 12.

Wohin hat Dominik seine Sachen gelegt/gestellt/gehängt?

Wohin hat er die Armbanduhr gelegt? – Er hat sie unter den Tisch neben seinem Bett gelegt. …

14 Ergänzen Sie Präpositionen und Artikel. Zeichnen Sie das Bild.

1. _____ dies___ Bild sieht man im Vordergrund einen See.
2. _____ See ist ein kleines Boot.
3. _____ Boot sitzen ein Mann und ein Kind.
4. _____ See herum geht eine Familie mit einem Hund spazieren.
5. _____ See liegt ein Dorf.
6. _____ Mitte des Dorfes gibt es eine Kirche. Links _____ Kirche steht das Rathaus. _____ Rathaus ist ein Restaurant.
7. _____ des Dorfes gibt es einen Fußballplatz.
8. _____ See _____ gibt es eine kleine Straße.
9. _____ dies___ Straße gab es einen Unfall: ein Fahrradfahrer ist _____ einen Baum gefahren.
10. Rechts _____ Dorf ist ein kleiner Berg. _____ Berg steht eine alte Burg.

15 Bilden Sie Sätze. Wo haben Herr und Frau Berger ihren Urlaub verbracht?

1. Hotel – Kreta
   In einem Hotel auf Kreta.
2. Pension – Berlin
3. Freunden – Japan
4. Schiff – Mittelmeer (n.)
5. Stadt – Rhein (m.)
6. Insel – Indischer Ozean (m.)
7. Bungalow – Südküste von Spanien
8. Haus – Alpen (Pl.)

16 Ergänzen Sie Präpositionen und Artikel.

1. Heute Abend bleibe ich _____ Hause.
2. Gestern habe ich _____ Bank meinen Lehrer getroffen.
3. Wir wohnen _____ einem kleinen Haus _____ Stadtrand von Schwerin.
4. Heute Morgen lag sogar Schnee _____ Bergen. Und das im Mai!
5. Frankfurt liegt _____ Main (m.).
6. Andreas ist schon _____ Hause gegangen.
7. Die meisten Deutschen fahren im Urlaub _____ südliche Länder.
8. Die alte Frau ging _____ Park und setzte sich _____ eine Bank.
9. _____ dieser Firma möchte ich nicht mehr arbeiten.
10. Warum könnt ihr nicht länger _____ uns bleiben?
11. Wohin fahren Sie am liebsten in Urlaub? _____ Meer oder _____ Berge?
12. Wenn wir noch nicht _____ Hause sein sollten, dann gehen Sie einfach _____ Haus herum und setzen sich _____ Terrasse.

17 Ergänzen Sie die angegebenen Präpositionen und Artikel.

in (8x)	aus	zwischen
nach (3x)	zu	an (3x)
um	neben	entlang
gegenüber	hinter	über

Liebe Großeltern,

wie geht es euch? Seid ihr gesund? Wann kommt ihr mich endlich mal besuchen? Seit einer Woche bin ich nun _____ wunderschönen Stadt Freiburg _____ Breisgau*. _____ meinem Studentenheim habe ich schon ein paar nette Leute kennengelernt. _____ Zimmer _____ mir wohnt zum Beispiel eine Studentin _____ Schweden, mit der ich viel Zeit verbringe, und _____ Zimmer _____ wohnt eine deutsche Studentin, die mich schon einmal _____ ihren Eltern eingeladen hat. Hier _____ Freiburg gibt es auch viele gemütliche Kneipen und kleine Bistros, Kinos, Theater etc. Es wird mir nie langweilig.

Aber auch die Gegend _____ Stadt herum ist sehr, sehr schön. Freiburg liegt _____ westlichen Rand des Schwarzwaldes _____ Südwesten von Deutschland. Wenn man den Rhein _____ _____ Süden fährt, kommt man nach ca. 80 km _____ Schweizer Grenze. Gleich _____ der Grenze liegt die Stadt Basel. Das ist eine sehr interessante Stadt.

Wenn man von Freiburg aus _____ Westen _____ Rhein fährt (der Rhein ist die Grenze _____ Deutschland und Frankreich), kommt man _____ Colmar**.

Nächste Woche habe ich meine Sprachprüfung _____ Universität. Deshalb muss ich jetzt viel lernen und jeden Tag _____ Mediothek gehen, um noch mehr zu üben.

Ich schreibe euch bald wieder und grüße euch ganz herzlich

Elke

---

* Landschaft um Freiburg
** Stadt im Osten von Frankreich

18 *in, –, vor* (= Zeitpunkt), *seit* (= Zeitdauer):
Ergänzen Sie Präpositionen und Artikel.

1. ■ Wo ist denn Ihr Sohn? Ich habe ihn schon lange nicht mehr gesehen.
   ● Er lebt _____ einem Jahr in Brasilien.
2. ■ Wo ist denn Anja?
   ● Sie ist _____ einer halben Stunde weggegangen.
   ■ Und wann kommt sie wieder zurück?
   ● Ich weiß es nicht genau, aber spätestens _____ einer Stunde.
3. ■ _____ wann arbeiten Sie in Leipzig?
   ● Schon _____ zwei Jahren.
4. ■ Wann sind Sie geboren?
   ● _____ 1968.

5. ■ Warte zu Hause. Ich hole dich _____ zehn Minuten ab.
   ● Das ist sehr nett von dir.
6. ■ Wann haben Sie geheiratet?
   ● _____ 1988. Also schon _____ vielen Jahren.
7. ■ Wie lange lernen Sie schon Deutsch?
   ● _____ einem halben Jahr. Ich habe _____ September mit dem Sprachkurs begonnen.
8. ■ Wie lange müssen wir denn noch laufen? Wir sind nun schon _____ einer Stunde unterwegs!
   ● Nicht mehr lange. Wir sind spätestens _____ einer halben Stunde da.

19 *an* oder *in*: Ergänzen Sie Präpositionen und Artikel.

Wir kommen …

1. _____ zehn Tagen.
2. _____ Ostern.
3. _____ Sommer.
4. _____ April.
5. _____ Nachmittag.
6. _____ Nacht.
7. _____ 31.3.
8. _____ Sonntagabend.

20 *in* oder *nach*: Ergänzen Sie Präpositionen und Artikel.

1. Es war eine große Operation. Aber _____ einigen Tagen ist er schon aufgestanden.
2. Ich gehe schnell zur Apotheke. _____ spätestens zehn Minuten bin ich wieder da.
3. _____ zwei Monaten habe ich mein Examen.
4. _____ dem Examen mache ich erst einmal Urlaub.
5. Unser neuer Angestellter hat schon _____ einem Monat die Firma wieder verlassen.
6. Gehen wir _____ dem Konzert noch ein Glas Wein trinken?

21 *um* oder *gegen*: Ergänzen Sie Präpositionen und Artikel.

1. Der Zug ist _____ 23.44 Uhr angekommen.
2. Ich besuche dich morgen _____ Abend. Ist dir das recht?
3. Pablo Picasso hat das Bild „Guernica" so (=ungefähr) _____ 1935 gemalt.
4. Der Direktor kommt so _____ (= ungefähr) 13 Uhr zurück.
5. Wir fahren mit dem Auto und werden so _____ Mittag bei euch sein.
6. Die Konferenz beginnt _____ 16.00 Uhr.

23 Markieren Sie die richtige Antwort.

1. Wie lange wohnen Sie schon in Lübeck?
   Vor – Seit – Während einem Jahr.
2. Wann kommen Sie vom Urlaub zurück?
   In – Nach – Bis drei Wochen.
3. Wann ist das Geschäft geschlossen?
   Zwischen – Während – Ab Weihnachten und Neujahr.
4. Wann hast du dir denn in den Finger geschnitten?
   Am – Um – Beim Kochen.
5. Wann ist denn Ihre Sekretärin in Urlaub?
   Von nächster Woche an. – Aus nächster Woche. – Nach nächster Woche.
6. Wie lange waren Sie denn in Berlin?
   Seit zwei Wochen. – Gegen zwei Wochen. – Zwei Wochen lang.

22 Ergänzen Sie die Sätze.

1. ▦ Gehen wir heute Abend ins Kino oder nicht?
   ● Ja, natürlich, ich habe die Eintrittskarten schon reserviert. Wann treffen wir uns?
2. ▦ So _____ halb acht. Ist dir das recht?
   ● Wann beginnt denn der Film?
3. ▦ _____ 20.30 Uhr. Ich dachte, dass wir uns ein bisschen früher treffen und _____ dem Film noch etwas trinken gehen könnten.
   ● Das können wir machen. Oder wir gehen _____ dem Film in das neue Bistro, das ich dir schon _____ langem zeigen will.
4. ▦ Machen wir doch beides! Ich hole dich _____ einer Stunde mit dem Auto ab.
   ● Das ist aber nett von dir. Also, ich warte _____ 19 Uhr unten vor dem Haus auf dich. Dann brauchst du nicht extra einen Parkplatz zu suchen.
5. ▦ Gut, ich bin dann _____ 19 Uhr und 19.15 Uhr bei dir. _____ später!

24 Ergänzen Sie die Sätze.

Hans möchte mit Petra ausgehen.
Aber Petra scheint nie Zeit zu haben.

1. ▨ Also, Petra, wie wäre es _____ Freitag? Hast du da Zeit?
   ● Das ist ein bisschen schwierig. _____ Nachmittag möchte ich meine Tante besuchen, die schon _____ einer Woche im Krankenhaus liegt. Ja, und _____ Abend gehe ich zum Sport, und _____ dem Sport bin ich sicher zu müde. _____ Wochenende fahre ich dann zu meinen Eltern.
2. ▨ Schade. Wie sieht es denn bei dir _____ der nächsten Woche aus?
   ● _____ Montag _____ Mittwoch muss ich für meine Firma nach Düsseldorf. _____ Donnerstag bin ich dann wieder hier. Wir könnten uns doch gleich _____ Donnerstagabend treffen?
3. ▨ Das ist leider der einzige Abend _____ der nächsten Woche, an dem ich keine Zeit habe. Vielleicht _____ Freitag?
   ● Ja, aber da kann ich nur _____ 22 Uhr, weil ich _____ 22.30 Uhr ins Kino gehen und „Casablanca" sehen möchte. Darauf freue ich mich schon _____ langem! Geh doch einfach mit!
4. ▨ Ja, gern, also dann _____ Freitag! Ich hole dich so _____ 20 Uhr zu Hause ab.
   ● Vielen Dank!

25 Ergänzen Sie die Sätze.

1. _____ meinem letzten Besuch hattest du dieses neue Sofa aber noch nicht.
2. Thomas arbeitet wirklich sehr diszipliniert. Er hat _____ vier Jahren sein Studium beendet.
3. Dieser Kurs dauert _____ Januar _____ März.
4. Sie ist schon _____ einer Woche angekommen und bleibt noch _____ nächsten Sonntag.
5. Wir bleiben _____ drei Monate in den USA.
6. Ich habe _____ 1985 das Abitur gemacht.
7. Frau Biller hat _____ einer Stunde angerufen.
8. Es ist unhöflich, _____ des Essens Zeitung zu lesen.
9. Kannst du mir dieses Buch _____ Montag leihen?
10. Wir fahren _____ die Feiertage ans Meer.
11. _____ 1. März arbeite ich bei der Firma Jäger.
12. Er hat gleich _____ dem Abitur seinen Führerschein gemacht.

181

26 Modale Bedeutung: Ergänzen Sie Präpositionen und Artikel.

1. Am Freitag fahre ich nur mit meinem Mann, _____ die Kinder, übers Wochenende nach Wien. Endlich sind wir mal wieder nur zu zweit!
2. Diese Bluse ist _____ indischer Seide.
3. Meinen Informationen _____ beginnt die Veranstaltung erst um 19 Uhr.
4. Wenn Sie nach Köln kommen, müssen Sie mich _____ jeden Fall besuchen!
5. Seit ein paar Jahren kann ich leider nur noch _____ Brille lesen.
6. Wir haben dieses Problem _____ allen Einzelheiten besprochen.
7. Meiner Meinung _____ gibt es an dieser Stelle einen Fehler in der Übersetzung.
8. Sie haben die Aufgaben leider nur _____ Teil richtig gelöst.
9. Wir heizen unsere Wohnung _____ Gas.
10. _____ Fremdsprachen-kenntnisse findest du heutzutage keinen guten Job als Sekretärin.
11. Könnten Sie mir bitte diesen Text _____ Englisch übersetzen?
12. Wir hätten gern ein Zimmer _____ Blick aufs Meer.
13. _____ Gegensatz zu mir hat er sehr schnell Ski fahren gelernt.
14. _____ Glück habe ich endlich eine Wohnung gefunden.

27 Kausale Bedeutung: Ergänzen Sie Präpositionen und Artikel.

1. _____ einer technischen Störung in der U-Bahn sind wir leider viel zu spät gekommen.
2. _____ Angst vor einer Strafe hat er nicht die Wahrheit gesagt.
3. _____ dieser Kälte muss man ja krank werden!
4. Es tut uns Leid, aber _____ eines Fehlers in unserem Telefonsystem können wir heute keine Gespräche vermitteln.
5. Am Tag ihrer Hochzeit strahlte die Braut _____ Glück.
6. Ich mache das nur _____ Liebe zu dir.
7. _____ des starken Nebels sind gestern Abend viele Flüge ausgefallen.
8. _____ dieser Hitze müssen Sie viel trinken.
9. Er weinte _____ Glück, als sein erstes Kind geboren war.
10. _____ einer starken Grippe konnte sie leider nicht kommen.

3.2 Partikeln
Adverbien

Adverbien haben folgende Eigenschaften:

- Sie werden nicht dekliniert, sind also nicht veränderbar (Ausnahmen dazu in der Mittelstufe).
- Sie beziehen sich auf Verben (Ich komme *morgen.*) oder Adjektive (Das war eine *sehr* schöne Party.)
- Adverbien haben meist die Funktion von Angaben im Satz. Sie stehen also im Mittelfeld.

▶ *te-ka-mo-lo*
Seite 198–199

Man kann Adverbien, wie auch die Präpositionen und Konjunktionen, semantisch in Gruppen unterteilen.

▶ *Präpositionen*
Seite 160–172
▶ *Konjunktionen*
Seite 210–217

- lokale Adverbien
- temporale Adverbien
- modale Adverbien
- kausale, konzessive, konsekutive Adverbien

Lokale Adverbien

wohin (Richtung)

abwärts – aufwärts	Von dort führt der Weg *abwärts* ins Tal.
vorwärts – rückwärts	Passen Sie auf, wenn Sie *rückwärts* fahren!
her – hin	Wo kommst denn du *her*, Toni, du bist ja ganz schmutzig! Wo gehst du *hin*?
(hier)her – dorthin*	Komm bitte *hierher*! Geh bitte *dorthin*!
heraus – hinaus → raus**	Kinder, kommt/geht doch *raus*. Das Wetter ist so schön!
herein – hinein → rein**	Kinder, kommt/geht bitte *rein*. Das Essen ist fertig.
herauf – hinauf → rauf**	Kinder, kommt/geht bitte *rauf*. Ihr müsst ins Bett.

herunter – hinunter → runter**	Kinder, kommt/geht bitte von der Mauer *runter*!
herüber – hinüber → rüber**	Kinder, geht mal bitte zur Nachbarin *rüber* und bittet sie um etwas Zucker. Wir haben keinen mehr.
nach links/rechts	Gehen Sie bitte *nach links/rechts*.
nach oben/unten	Gehen Sie bitte *nach oben/unten*.
nach vorn/hinten	Gehen Sie bitte *nach vorn/hinten*.
nach draußen/drinnen	Gehen Sie bitte *nach draußen/drinnen*.
irgendwohin – nirgendwohin	Ich fahre am Wochenende *irgendwohin* in die Natur. Ich weiß aber noch nicht genau wohin.
überallhin	Mit dir fahre ich *überallhin*.

*   *(hier)her* + kommen → woher? / *(dort)hin* + gehen, fahren … → wohin?
** In der geschriebenen Sprache benutzt man meist noch die Formen *heraus/hinaus* …
Hier gilt die Regel von *hierher/dorthin*, das heißt, der Standort des Sprechers zum Hörer ist wichtig.
In der gesprochenen Sprache verwendet man heute meist die Kurzform *raus* …, die für *heraus* und *hinaus* dieselbe ist.

wo (Ort)

links – rechts	Wo ist denn meine Brille? – Dort *links* auf dem Tisch.
oben – unten	Ich bin *oben*. Komm doch auch rauf!
vorn – hinten	Bitte im Bus nur *vorn* einsteigen!
draußen – drinnen	Kommt doch rein. Es ist schon so kalt *draußen*.
irgendwo – nirgendwo (= nirgends)	Wo ist denn meine Brille? Sie muss *irgendwo* hier sein. – Ich habe sie leider *nirgends* gesehen.
hier – da/dort	Das Haus *da/dort/hier* meine ich. Das gefällt mir.
drüben	Mir gefällt das Haus dort *drüben*.
mitten	Musst du immer *mitten* auf dem Sofa sitzen?
überall	Gestern hat es *überall* in Deutschland geregnet.

woher (Herkunft)

von links – rechts	Wir kommen *von links / rechts.*
von oben – unten	Wir kommen *von oben / unten.*
von vorn – hinten	Wir kommen *von vorn / hinten.*
von draußen – drinnen	Wir kommen *von draußen / drinnen.*
von irgendwoher – nirgendwoher	Woher kommt er? – Ich weiß es nicht, *von irgendwoher* aus Europa.
von überallher	Zu der Hochzeit des Prinzen kamen die Gäste *von überallher* angereist.

Ziel

fort – weg	Geh bitte nicht *fort / weg* von mir!
irgendwohin – nirgendwohin	Wohin gehst du? – Ich gehe *nirgendwohin.* Ich ziehe mir nur eine Jacke an, weil mir kalt ist.

Zur Unterscheidung:

Woher kommen Sie?		Wo sind Sie?		Wohin gehen Sie?	
Ich komme	von oben	Ich bin	oben	Ich gehe	nach oben
	von drinnen		drinnen		nach drinnen
	von links		links		nach links
	von …		…		nach …
	von überallher		überall		überallhin
	von n/irgendwoher		n/irgendwo		n/irgendwohin

185

Temporale Adverbien

wann (Zeitpunkt)	**Vergangenheit**	**Gegenwart**	**Zukunft**
	(vor)gestern	heute	(über)morgen
	vorhin	jetzt, nun	bald
	vorher	gerade	nachher
	früher	sofort, gleich	hinterher
	(ein)mal	bisher	(ein)mal
	neulich		später
	damals		

Vergangenheit

(vor)gestern	Wir sind *gestern* Abend angekommen.
vorhin	Nein danke, ich habe jetzt keinen Hunger. Ich habe *vorhin* erst etwas gegessen.
vorher	Ich komme nach der Arbeit zu dir. Aber *vorher* muss ich noch kurz nach Hause.
früher	„*Früher* war alles besser", sagt meine Großmutter.
(ein)mal	Dies war *(ein)mal* ein gutes Restaurant. Heute ist es leider nicht mehr so gut.
neulich	Hast du Maria mal wieder gesehen? – Ja, wir haben uns *neulich* getroffen.
damals	Vor 15 Jahren war ich schon einmal an diesem See. *Damals* gab es hier noch keine so großen Hotels.

Gegenwart

heute	Was machst du *heute* Abend?
jetzt – nun	Das war der letzte Bus. Was machen wir *nun*?
gerade	Was machst du *gerade*? – Ich esse.
sofort – gleich	Warten Sie bitte. Ich komme *gleich*.
bisher	*Bisher* hatte ich keine Probleme mit dem Chef.

Zukunft

(über)morgen	Heute habe ich leider keine Zeit, aber *morgen* oder *übermorgen* kann ich Ihnen gern helfen.
bald	Hoffentlich ist dieser Regen *bald* vorbei!
nachher	Ich möchte jetzt zum Mittagessen gehen. Kann ich den Brief auch *nachher* schreiben?
hinterher	*Hinterher* wissen wir immer alles besser.
(ein)mal	Kommst du mich *(ein)mal* in München besuchen?
später	Karl hat angerufen. Er kommt heute Abend ein bisschen *später*.

wie oft

100%								0%
jedesmal	fast immer	meistens	oft	öfters	manchmal	selten	fast nie	niemals
immer			häufig		ab und zu			nie

immer	Sie ist *immer* fröhlich.
jedesmal	Wenn ich in Paris bin, gehe ich *jedesmal* ins Centre Pompidou.
meistens*	Am Morgen trinke ich *meistens* Kaffee.
oft – häufig	Ihr streitet euch aber *oft*!
öfters	Das ist ein gutes Geschäft. Wir haben schon *öfters* hier eingekauft.
manchmal – ab und zu	Besuchst du deine Eltern oft? – Nein, nur *ab und zu* am Sonntag.
selten	Ich war *selten* so glücklich wie an diesem Tag!
nie – niemals	Ich war noch *nie* in China.

---

* Zur Unterscheidung:
meistens (= sehr oft)   Am Morgen trinke ich *meistens* Kaffee.
am meisten (= Superlativ von *viel*)   Peter verdient von uns allen *am meisten*.

Reihenfolge

zuerst	Am Sonntag haben wir *zuerst* geduscht.
dann	*Dann* haben wir gemütlich gefrühstückt.
danach	*Danach* haben wir eine Wanderung um den See gemacht.
schließlich	*Schließlich* waren wir zu müde zum Kochen und sind essen gegangen.
zuletzt	*Zuletzt* haben wir noch einen Espresso in einer kleinen Bar getrunken und sind ins Bett gegangen.

▶ Weitere *Zeitadverbien* (*montags, abends* ...) Seite 133

Modale Adverbien

anders	Ich hätte *anders* reagiert.
beinahe – fast	Mein Gott, *beinahe* wäre mir die Schüssel runtergefallen!
besonders	Dieses Hotel hat uns *besonders* gut gefallen.
bestimmt	Er wollte dir *bestimmt* nicht weh tun!
etwas	Ich habe mittags *etwas* geschlafen.
ebenso wie – genauso wie	Sie kocht *genauso* gut *wie* ihre Mutter.
gar nicht – überhaupt nicht	Ich weiß *überhaupt nicht,* wie ich das alles schaffen soll.
gern	Vielen Dank für die Einladung. Wir kommen sehr *gern*.
höchstens	Leider können wir *höchstens* drei Tage hier bleiben.
irgendwie	Vielleicht werde ich krank. Ich fühle mich heute *irgendwie* nicht wohl.
kaum	Letzte Nacht habe ich *kaum* geschlafen, weil ich so starke Zahnschmerzen hatte.

leider	Er weiß es *leider* auch nicht.
mindestens	Jetzt geht es mir gut. Ich habe letzte Nacht *mindestens* zehn Stunden geschlafen.
sehr	Das Essen war wirklich *sehr* gut!
so	Schau her und mach es *so* wie ich.
umsonst	Wir sind *umsonst* zum Bahnhof gefahren. Sie ist nicht gekommen.
wenigstens	Du könntest *wenigstens* beim Geschirrspülen helfen, wenn du schon sonst nichts machst.
ziemlich	Es ist *ziemlich* kalt geworden.

Kausale, konzessive, konsekutive Adverbien

kausal

deshalb – deswegen – daher – darum	In zehn Minuten fährt der Zug. *Deshalb* sollten wir uns beeilen!
nämlich *(nach dem Verb!)*	Ich muss das heute noch fertigmachen, ab morgen bin ich *nämlich* in Urlaub.

konzessiv

trotzdem – dennoch	Ich habe es verboten. Er hat es *trotzdem* getan.

konsekutiv

also	Sein Auto steht vor der Tür. Er ist *also* zu Hause.

▶ Übungen 1–7

1 *hierher, dorthin, her, hin, rauf, runter, raus, rein, rüber*:
Ergänzen Sie die Sätze.

> Diese Adverbien (*her, hin, rauf, runter, raus, rein, rüber*) können allein stehen
> oder mit Verben der Bewegung (*kommen, gehen …*) verbunden werden:
>
> Sie müssen diese Treppe hinaufgehen / raufgehen.
> Können Sie bitte mal herkommen?

1. ▨ Was machen Sie denn da oben?
   ● Von hier hat man einen wunderschönen Ausblick. Ich möchte ein paar Fotos
   machen. Kommen Sie doch auch _____ ! Es lohnt sich wirklich.

2. ▨ Kommen Sie nur _____ . Die Tür ist offen.
   ● Danke.
   ▨ Setzen Sie sich doch bitte _____ . Ich komme auch gleich.

3. ▨ Kommt doch mal _____ auf die Terrasse, ich muss euch etwas zeigen.
   ● Was ist denn los?

4. ▨ Du, wir sind gerade im „Tivoli", komm doch auch _____ .
   ● Nein danke, ich habe heute keine Lust mehr auszugehen.

5. ▨ Möchten Sie nicht auf ein Glas Wein zu uns _____ kommen? Dann
   können wir auf eine gute Nachbarschaft trinken.
   ● Ja gern, das ist sehr nett von Ihnen.

6. ▨ Mama, wo bist du?
   ● Ich bin hier unten im Keller.
   ▨ Komm mal bitte _____ . Ich muss dich was fragen.
   ● Ich kann jetzt nicht. Komm du doch _____ .

7. ▨ Thomas ist draußen. Geh doch auch _____ und spiel mit ihm.
   ● Wenn er mit mir spielen will, kann er auch _____ kommen.

8. ▨ Herr Dr. Schneider, könnten Sie bitte einen Moment _____ kommen?
   ● Natürlich, was gibt es?

9. ▨ Kommt doch auch _____ und setzt euch zu uns!
   ● Danke schön.

10. ▨ Gehen Sie bitte _____ . Das Sekretariat ist im 1. Stock.
    ● Wir waren gerade oben. Es ist aber niemand da.

2 Wie heißt das Gegenteil?

1. hinaus (raus) _____
2. irgendwo _____
3. hier _____
4. links _____
5. von vorn _____
6. nach draußen _____
7. nirgendwohin _____
8. hinunter (runter) _____
9. abwärts _____
10. rückwärts _____

3 Ergänzen Sie die richtigen Adverbien.

1. Haben Sie schon unsere Dachterrasse gesehen?
   Kommen Sie bitte mit mir _nach oben_ .

   oben / aufwärts / nach oben

2. Wir sind schon fast _____ gereist, nur
   nicht nach Südostasien.

   überallhin / irgendwohin / überall

3. Mein Vater ist draußen im Garten.
   Gehen Sie bitte _____ zu ihm.

   weg / rüber / hinaus

4. Morgen fahren wir auf den Olympiaturm.
   _____ dort _____ hat man
   einen herrlichen Blick über München und
   bis zu den Alpen.

   von … oben / nach … oben

5. Ich habe mein neues Fahrrad immer
   _____ im Keller. Dort steht es
   sicherer als im Hof.

   runter / nach unten / unten

6. Bitte schau _____ , wenn du Auto
   fährst, und dreh dich nicht immer zu den
   Kindern um.

   vorwärts / hierher / nach vorn

7. Hier gefällt es mir so gut, dass ich gar nicht
   mehr _____ möchte.

   irgendwohin / fort / überallhin

8. Kommen Sie bitte _____ .

   hierher / rechts / dorthin

4 Ergänzen Sie die Sätze. Manchmal gibt es mehrere Möglichkeiten.

1. ■ Claudia, wo bleibst du denn? Wir warten alle auf dich!
   ● Keine Panik! Ich komme
   sofort/gleich.

2. ■ Hast du schon deine Hausaufgaben gemacht?
   ● Nein, die mache ich _____ .

3. ■ Wo ist denn mein Geldbeutel?
   ● Ich weiß es nicht, aber
   _____ lag er noch hier auf dem Tisch.

4. ■ Oma, wo warst du denn auf Hochzeitsreise?
   ● Ach Kind, _____ gab es so etwas noch nicht. Wir hatten kein Geld für Reisen.

5. ■ Warum hast du mich denn nicht _____ gefragt? Ich hätte dir gern geholfen.
   ● Ja, das war dumm von mir. Aber _____ ist man immer schlauer.

6. ■ Wie gefällt dir denn dein neuer Job?
   ● _____ macht mir die Arbeit sehr viel Spaß. Ich hoffe, es bleibt so.

7. ■ Jetzt machen wir erst mal eine Pause. Wir können _____ weitermachen.
   ● Gute Idee!

8. ■ Wo ist denn Frau Kirchner?
   ● Ich weiß es nicht. Sie war doch _____ noch hier.

5 Antworten Sie.

1. Wie häufig gehen Sie in die Oper?
   _Nie._____

2. Wie oft bringen Sie Ihrer Freundin/Frau Blumen mit?
   _____

3. Wie oft sind Sie unpünktlich?
   _____

4. Wie häufig sagen Sie nicht die Wahrheit?
   _____

5. Wie oft essen Sie Fleisch pro Woche?
   _____

6. Wie oft sind Sie in Ihrem Leben schon umgezogen?
   _____

7. Wie häufig treiben Sie Sport?
   _____

8. Wie oft essen Sie im Restaurant?
   _____

9. Wie oft frühstücken Sie im Bett?
   _____

10. Wie häufig sehen Sie fern?
    _____

6 Ergänzen Sie die angegebenen Adverbien.

fast	bestimmt	wenigstens	~~sehr~~	
kaum		genauso	irgendwie	umsonst
sehr	höchstens	ziemlich	fast	

1. Gute Nacht, ich gehe jetzt ins Bett, ich bin _sehr_____ müde.
2. Warum hast du nicht _____ angerufen, wenn du so spät kommst?
3. Sie ist _____ hübsch wie ihre Mutter!
4. Leider haben wir den Auftrag nicht bekommen. So war unsere ganze Arbeit _____ .
5. Sie können sich auf mich verlassen. Was ich verspreche, mache ich auch ganz _____ .
6. Er hat so leise gesprochen, dass ich _____ etwas verstanden habe.
7. Ich habe im Moment auch keine Idee, aber _____ müssen wir dieses Problem lösen.
8. Meine Großmutter ist sehr krank. Sie isst _____ nichts mehr und hat _____ viel abgenommen. Jetzt wiegt sie _____ noch 54 kg.
9. Ich muss jetzt unbedingt etwas essen. Ich habe heute den ganzen Tag noch _____ nichts gegessen.
10. Ich bin sehr müde, denn die Bergtour war _____ anstrengend.

7 Ergänzen Sie kausale, konzessive oder konsekutive Adverbien.

1. Meine Kollegin ist sehr erkältet. _____ kommt sie ins Büro.

2. Ich habe den Bus verpasst. _____ bin ich leider zu spät gekommen.

3. Ich habe nichts bestellt, _____ muss ich auch nichts zahlen.

4. Morgen muss ich früh aufstehen, _____ gehe ich jetzt schlafen.

5. Es gibt zu wenig Schnee, _____ können wir am Wochenende nicht Ski fahren.

6. Er lernt erst seit zwei Monaten Französisch. _____ spricht er schon ziemlich gut.

▶ Weitere Übungen zu *kausalen, konzessiven und konsekutiven Adverbien* Seite 208

4.1 Satz
Valenz des Verbs

Ein Satz besteht aus verschiedenen Elementen: Subjekt, Verb, Objekte, Angaben etc., die in einer bestimmten Ordnung folgen. Diese Ordnung wird im Deutschen durch das Verb determiniert.

Das Verb ist das wichtigste Element im Satz. Es bestimmt, wie viele Ergänzungen (= Subjekt / Objekte) in einem Satz obligatorisch sind und in welchem Kasus sie stehen. Dies nennt man die **Valenz des Verbs.**

Zur Erinnerung: **Ergänzungen** sind vom Verb abhängige, obligatorische Satzelemente (Subjekt, Objekte). **Angaben** sind vom Verb unabhängige, fakultative Satzelemente (Zeitangaben, Ortsangaben …)

Verb + Nominativ

Einige Verben brauchen nur eine Ergänzung im Nominativ (= Subjekt), um einen vollständigen Satz zu bilden.

Ich	schlafe.
Das Kind	spielt.
Es	regnet.
…	

Verb + Nominativ + Akkusativ

Die meisten Verben im Deutschen brauchen außer dem Subjekt (= Nominativ) auch ein Objekt (= Akkusativ oder Dativ). Wenn das Verb nur ein Objekt fordert, um einen vollständigen Satz zu bilden, dann steht dieses meist im Akkusativ.

Das Kind	malt	ein Bild.
Ich	schreibe	ein Buch.
Ich	bestelle	ein Mineralwasser.
…		

Verb + Nominativ + Dativ

Wenige Verben verlangen nur eine Ergänzung, die im Dativ
(= Dativobjekt) steht. Diese Verben sollten Sie auswendig
lernen. Es sind oft Verben, die eine persönliche Beziehung
ausdrücken.

Ich	helfe	dir.
Euer Haus	gefällt	mir.
Diese Jacke	gehört	meiner Freundin.
...		

Ebenso   antworten, begegnen, danken, fehlen, folgen, gelingen,
glauben, gratulieren, nützen, raten, schmecken, vertrauen,
widersprechen, zuhören, zuschauen

Verb + Nominativ + Dativ + Akkusativ

Einige Verben brauchen zwei Objekte. Hier gilt die Regel:
Sache (direktes Objekt) im **Akkusativ**
Person (indirektes Objekt) im **Dativ**

Zu dieser Gruppe gehören besonders Verben des
Gebens/Nehmens und des Sagens/Verschweigens.

Ich	schenke	meiner Tochter	ein Fahrrad.
Er	erzählt	seinem Kind	eine Geschichte.
Sie	bringt	ihrer Freundin	eine Tasse Tee.
...			

Ebenso   anbieten, beantworten, beweisen, empfehlen, erklären,
erlauben, geben, glauben, leihen, mitteilen, sagen, schicken,
verbieten, versprechen, vorschlagen, wegnehmen, wünschen,
zeigen

▶ Übung 4   ▶ Weitere Übungen zum *Akkusativ* und *Dativ* Seite 53

Verb + Nominativ + Nominativ

Die Verben *sein* und *werden* brauchen oft zwei Ergänzungen im Nominativ.

| Sie | ist | eine schöne Frau. |
| Sie | wird | Ärztin. |

▶ Übungen zu *sein* und *werden* Seite 18

Verb + Nominativ + Ergänzung im Dativ/Akkusativ mit Präposition

Verben mit festen Präpositionen fordern immer ein präpositionales Objekt. Ob dies im Akkusativ oder Dativ steht, hängt von der Präposition ab.

▶ *Verben mit Präpositionen* Seite 79–84

Wir	beginnen	mit dem Unterricht.
Ich	denke	gern an meine Kindheit.
Wir	freuen	uns auf die Ferien.
…		

Es gibt außerdem Verben, die nicht immer ein präpositionales Objekt fordern, aber oft mit einer Angabe + Präposition verbunden sind.

Ich	fahre	nach Berlin.
Ich	gehe	ins Kino.
Sie	bleibt	im Haus.
…		

▶ Übungen zu *Verben mit Präpositionen* Seite 85–90

4.2 Satz
Verb an zweiter Position

Positionen des Verbs

In einem Hauptsatz kann das Verb an zwei Stellen stehen:
an der 2. Position oder – falls das Verb aus zwei Teilen besteht –
an der 2. Position und am Satzende. Dabei steht immer der
konjugierte Verbteil (die Personalform) an der 2. Position.

	2. Position		Ende
Heute	beginnt	der Film schon um 20 Uhr.	
Heute	fängt	der Film schon um 20 Uhr	an*.
Gestern	hat	der Film schon um 20 Uhr	begonnen.
Gestern	hat	der Film schon um 20 Uhr	angefangen*.
Heute	muss	der Film schon um 20 Uhr	beginnen.
Heute	muss	der Film schon um 20 Uhr	anfangen*.
Wann	beginnt	der Film heute?	
Wann	fängt	der Film heute	an*?

* ▶ *Trennbare Verben* Seite 46–47

Die erste Position im Satz

In der Schriftsprache können fast alle Satzglieder an erster
Position stehen. Hier hat die erste Position die Funktion, die
Verbindung zum Text davor herzustellen.
Wichtig: Viele Elemente werden besonders betont, wenn man
sie an die erste Position stellt.

In der Umgangssprache stehen meist folgende Elemente an erster Postion: Nomen ①, Pronomen ②, Adverbien ③, Zeitangaben ④, Ortsangaben auf die Frage *wo?* ⑤, Angaben mit Präposition ⑥, Nebensätze ⑦.

	1. Position	2. Position		Ende
①	Meine Freundin	ist	heute um 6.32 Uhr	angekommen.
②	Sie	ist	heute um 6.32 Uhr	angekommen.
③	Heute	ist	meine Freundin	angekommen.
④	Um 6.32 Uhr	ist	sie	angekommen.
⑤	In München	würde	ich auch gern	studieren.
⑥	Durch meine Krankheit	bin	ich immer noch sehr	geschwächt.
⑦	Wenn du willst,	kannst	du mich auch	besuchen.

Das Mittelfeld im Satz

Den Satzteil zwischen den zwei Teilen des Verbs (2. Position und Satzende) bezeichnet man als das *Mittelfeld*.
Da an erster Position nur ein Element stehen kann, findet man im Mittelfeld alle anderen Elemente.

Für die Reihenfolge im Mittelfeld gilt meist die Regel **kurz vor lang**. Das heißt:

A Pronomen vor Nomen

B Reihenfolge der Nomen: Nominativ, Dativ, Akkusativ, Genitiv

C Reihenfolge der Pronomen: Nominativ, Akkusativ, Dativ

D Dativ-/Akkusativobjekte vor präpositionalen Objekten

E Reihenfolge der Angaben (meistens): **te**mporal (wann?), **ka**usal (warum?), **mo**dal (wie?), **lo**kal (wo? wohin?) → **te-ka-mo-lo**

F bekannte Information (mit bestimmtem Artikel) steht vor neuer Information (mit unbestimmtem Artikel)

G Angaben stehen oft in der Mitte zwischen zwei Objekten

		2. Position			Ende
B	Peter	hat	heute seiner Frau Blumen		mitgebracht.
	Nom.		Dat. Akk.		
B	Heute	hat	Peter seiner Frau Blumen		mitgebracht.
			Nom. Dat. Akk.		
A	Er	hat	ihr heute Blumen		mitgebracht.
A + C	Heute	hat	er ihr Blumen		mitgebracht.
C	Heute	hat	er sie ihr		mitgebracht.
A	Sie	hat	sich gerade die Hände		gewaschen.
A + C	Gerade	hat	sie sich die Hände		gewaschen.
D + B	Er	hat	seiner Frau eine Bluse aus Seide		mitgebracht.
D	Gestern	hat	sie einen Brief an ihren Freund		geschrieben.
E	Gestern	bin	ich um 6.32 Uhr in Frankfurt		angekommen.
			temporal lokal		
E	Gestern	bin	ich wegen des Schnees mit dem Zug		gefahren.
			kausal modal		
F	Ich	habe	dem Sohn meines Freundes ein Buch		geliehen.
			bekannt unbekannt		
G	Ich	danke	dir herzlich für die Blumen.		
			Obj. Angabe präp. Objekt		
G	Bei der Kälte	muss	ich mir unbedingt einen Anorak		kaufen.
			Subj. Obj. Angabe Objekt		

Die Akkusativ- und Dativobjekte bleiben im Allgemeinen im Mittelfeld. Nur wenn man sie sehr betonen möchte, können sie an erster Position stehen:

Ich habe es mir schon gedacht.	*es*	=	Personalpronomen im Akkusativ, unbetont
Das habe ich mir schon gedacht!	*das*	=	Demonstrativpronomen im Akkusativ, betont

Negation

Man unterscheidet zwischen der Negation des ganzen Satzes
und der Negation einzelner Elemente des Satzes.

Satznegation

	2. Position		Ende
Ich	kaufe	dir dieses Buch *nicht*.	
Ich	habe	ihn *nicht*	angerufen.
Ich	habe	ihn *nicht* sofort	angerufen.
Ich	kann	*nicht* Auto	fahren.
Ich	interessiere	mich *nicht* für Technik.	
Ich	esse	*kein* Fleisch.	

Teilnegation

	2. Pos.		Ende
Nicht ich	habe	meiner Mutter einen Brief	geschrieben.
Mein Bruder war es.			
Ich	habe	*nicht meiner Mutter* einen Brief	geschrieben.
Ich habe meinem Vater geschrieben.			

Die letzte Position im Satz

An der letzten Position können Vergleichssätze A
und präpositionale Objekte B stehen.

		2. Pos.		Ende	
A	Der Film	ist	interessanter	gewesen	als ich gedacht habe.
A	Der Film	ist	nicht so interessant	gewesen	wie ich gedacht habe.
B	Ich	habe	mich sehr über deinen Besuch	gefreut.	
B	Ich	habe	mich sehr	gefreut	über deinen Besuch.

▶ *Vergleichssätze* Seite 215

Fragesatz mit Fragepronomen

	2. Position		Ende
Wie	heißen	Sie?	
Wann	fängt	der Film	an?

Konjunktionen: Hauptsatz + Hauptsatz

Es gibt Konjunktionen, die einen Hauptsatz mit einem
Nebensatz verbinden (*als, wenn, weil …*), und Konjunktionen,
die einen Hauptsatz mit einem Hauptsatz verbinden.
Diese Konjunktionen stehen zwischen zwei Hauptsätzen
oder am Anfang eines neuen Hauptsatzes. Sie sind wie ein
Verbindungsteil, das heißt, nach der Konjunktion folgt die
erste Position.

▶ *als, wenn, weil …* Seite 210–217

und	Aufzählung	Ich fahre am Wochenende nach Paris *und* schaue mir den Louvre an.
sowohl … als auch	Aufzählung	Ich schaue mir *sowohl* den Louvre, *als auch* das Centre Pompidou an.
weder … noch	Ausschluss	Mich interessieren *weder* die Museen *noch* die Kirchen.
aber	Einschränkung/Gegensatz	Ich fahre am Wochenende nach Paris, *aber* diesmal gehe ich in kein Museum.
zwar … aber	Einschränkung/Gegensatz	Ich liebe meine Kinder *zwar* sehr, *aber* ich bin auch gern mal einen Tag allein.
sondern	vorher negative Aussage	Ich fahre nicht weg, *sondern* bleibe lieber zu Hause.
oder	Alternative	Ich fahre am Wochende nach Paris, *oder* vielleicht bleibe ich auch zu Hause.
entweder … oder	Alternative	Ich fahre *entweder* nach Paris *oder* nach London.
denn	Grund	Ich fahre am Wochenende nach Paris, *denn* im Frühling ist es dort sehr schön.

Konjunktionaladverbien

Auch Adverbien können zwei Hauptsätze miteinander verbinden. Sie stehen meistens an der ersten Position oder direkt nach dem konjugierten Verbteil (3. Position).

deshalb, deswegen, darum, daher	Grund (kausal)	Mein Auto ist kaputt, *deshalb* fahre ich heute mit dem Zug zur Arbeit.
zuerst, dann, danach, schließlich, zuletzt, gleichzeitig, vorher, nachher	Zeit (temporal)	Ich frühstücke jetzt, *danach* fahre ich zur Arbeit. *Dann* ...
trotzdem, dennoch	gegen die Erwartung (konzessiv)	Ich habe ein Auto, *trotzdem* fahre ich oft mit dem Fahrrad zur Arbeit.
also	Folge (konsekutiv)	Ich bin krank, *also* bleibe ich heute zu Hause.
jedoch	Einschränkung, Gegensatz (adversativ)	Ich besuche dich morgen, *jedoch* habe ich erst am Nachmittag Zeit.

Alle diese Konjunktionaladverbien sind auch an 3. Position möglich. In diesem Fall ist es jedoch besser, zwei einzelne Hauptsätze zu bilden:

Mein Auto ist kaputt. Ich fahre deshalb heute mit dem Zug zur Arbeit.

Mit Hilfe dieser Adverbien und Konjunktionen kann man Sätze inhaltlich miteinander verbinden und Bezüge in einem Text herstellen. Deshalb sollte man diese Adverbien kennen, wenn man Texte (Aufsatz, Brief, Bericht ...) schreibt.

Übersicht

	Hauptsatz 0-Position	Hauptsatz 1./3. Position	Nebensatz
kausal Grund	denn	deshalb, deswegen, daher, darum	weil, da
temporal Zeit		zuerst, dann, danach, schließlich, zuletzt …	wenn, als, seit(dem), bevor / ehe, nachdem, sobald, während, bis
konditional Bedingung			wenn, falls
konzessiv gegen die Erwartung		trotzdem, dennoch	obwohl
konsekutiv Folge		also	so dass, ohne dass, ohne zu
final Ziel, Absicht			um zu + Inf., damit
adversativ Einschränkung	aber, sondern	jedoch	(an)statt dass, (an)statt zu

▶ Übungen 1–13

1 Setzen Sie die Verbteile an die richtige Position.

1. Gestern – ich – um 8 Uhr – bin aufgestanden
   Gestern bin ich um 8 Uhr aufgestanden.
2. Wir – gern – eine neue Wohnung – würden mieten
3. Er – immer – zu spät – kommt
4. Sie – gestern – noch einmal – wurde operiert
5. Morgen früh – ich – wieder – wegfahren
6. Dieses Jahr – unser Sohn – nicht mit uns – in Urlaub – möchte fahren
7. Wir – gern – noch – ein bisschen länger – wären geblieben
8. Nächste Woche – dich – ich – besuche – sicher

2 Welche Elemente können normalerweise an erster Position stehen?
Es gibt eine (1), zwei (2) oder maximal drei (3) Möglichkeiten.

1. die Wälder – sehr geschädigt – in den letzten Jahren – durch sauren Regen – wurden (3)
   Die Wälder wurden in den letzten Jahren durch sauren Regen sehr geschädigt.
   In den letzten Jahren wurden die Wälder durch sauren Regen sehr geschädigt.
   Durch sauren Regen wurden die Wälder in den letzten Jahren sehr geschädigt.
2. schenkte – einen großen Blumenstrauß – ihr – zum Geburtstag – er (2)
3. ihm – zum Abschied – sie – gab – einen Kuss (2)
4. haben – wir – gekündigt – unsere Wohnung (1)
5. mache – ab morgen – eine Diät – ich (2)
6. hat – den ganzen Morgen – gelesen – Zeitung – er (2)
7. hat – uns – das Hotel – gefallen – sehr gut (1)
8. die Geschäfte – in Deutschland – um 20.00 Uhr – schließen (3)

3 Setzen Sie das kursiv gedruckte Satzelement an die erste Position.

1. Er hat uns diese Geschichte *gestern* doch ganz anders erzählt!
   Gestern hat er uns diese Geschichte doch ganz anders erzählt!
2. Ich habe heute meinen Lehrer *zufällig* auf der Straße getroffen.
3. Ich würde sehr gern mal *in Paris* arbeiten.
4. Ich habe ihn leider *seit drei Monaten* nicht mehr gesehen.
5. Er hat mir *zum Geburtstag* einen sehr schönen Ring geschenkt.
6. Es hat *in der Nacht* mindestens vier Stunden lang geregnet.
7. Sie hat mir mein Buch *leider* noch nicht zurückgegeben.
8. Wir haben für ihn *zum Abschied* eine Party organisiert.

4 Antworten Sie. Achten Sie dabei auf die korrekte Reihenfolge
der Nomen und Pronomen. ▶ *Pronomen* Seite 138

1. ▪ Hat der Kellner Ihnen auch das
Menü empfohlen?
   ● Ja, er *hat es uns auch empfohlen.*
   _____

2. ▪ Haben Sie den Bewerbern die
Briefe schon zugeschickt?
   ● Ja, ich _____
   _____ .

3. ▪ Hat der Nachbar den Kindern
den Ball weggenommen?
   ● Ja, er _____
   _____ .

4. ▪ Hast du den Gästen schon
unseren neuen Sherry angeboten?
   ● Ja, ich _____
   _____ .

5. ▪ Hat der Küchenchef den Gästen
schon das Menü vorgestellt?
   ● Ja, er _____
   _____ .

6. ▪ Haben Sie Herrn Berger schon
den Kaffee gebracht?
   ● Ja, ich _____
   _____ .

7. ▪ Hast du deinem Vater schon
dein Zeugnis gezeigt?
   ● Ja, ich _____
   _____ .

8. ▪ Haben Sie Ihren Studenten
schon den Konjunktiv erklärt?
   ● Ja, ich _____
   _____ .

5 Setzen Sie die Angaben und Ergänzungen in die Sätze ein.

1. Wir möchten Sie gern einladen. (mit Ihrer Frau – am Samstagabend – zum Essen)
   Wir möchten Sie gern am Samstagabend mit Ihrer Frau zum Essen einladen.

2. Wir gehen ins Schwimmbad. (mit den Kindern – heute Nachmittag)

3. Wir waren in Urlaub. (in den USA – mit dem Wohnmobil – letzten Sommer)

4. Ich würde gern spazieren gehen. (am Fluss – mit dir – abends)

5. Sie geht zum Tanzen. (mit ihrem neuen Freund – jeden Abend – in dieselbe Disco)

6. Ich fahre nach Berlin. (wegen der Hochzeit meines Bruders – nächsten Sonntag)

7. Ich räume die Küche auf. (heute Abend – ganz bestimmt)

8. Er hat sich erkältet. (beim Skifahren – in der Schweiz – letzte Woche)

6 Betonen Sie das kursiv gedruckte Satzelement.

1. Wir möchten *darüber* lieber nicht mehr sprechen.
   Darüber möchten wir lieber nicht mehr sprechen.
2. Ich will nichts mehr *mit ihm* zu tun haben.
3. Natürlich hat *mir* wieder keiner was gesagt!
4. Ich weiß *davon* leider nichts.
5. Du kannst dich ganz bestimmt *auf mich* verlassen.
6. Niemand hat mir *das* gesagt.
7. Es ist ihm bei dem Unfall *glücklicherweise* nichts passiert.
8. Ich möchte auch gern einmal *dorthin* fahren.

7 In den folgenden Sätzen ist die Wortstellung falsch. Korrigieren Sie.

1. Ich fahre mit dem Zug heute nach Hause.
   Ich fahre heute mit dem Zug nach Hause.
2. Ich habe beim Chef mich schon entschuldigt.
3. Er musste vor dem Theater lange auf mich gestern warten.
4. Ich kann nach Hause dich gern fahren.
5. Er hat das Buch ihr schon gebracht.
6. Ich habe wegen der Kälte einen warmen Anorak mir gekauft.
7. Sie hat nichts mir gesagt.
8. Wir sind in die Berge am Sonntag zum Wandern gefahren.

8 Ergänzen Sie das Wort *nicht*.

1. Das ist sehr teuer.
   Das ist nicht sehr teuer.
2. Seine Bilder haben mir gut gefallen.
3. Ihre Mutter wird operiert.
4. Er hat sich an mich erinnert.
5. Ich habe das gewusst.
6. Ich kann Tennis spielen.
7. Ich bleibe hier.
8. Du sollst das machen.

9 Ergänzen Sie *kein* oder *nicht*.

1. Ich mag <u>keine</u> langweiligen Menschen.
2. Es ist _____ kalt hier.
3. Warum hast du _____ Hunger?
4. Sie hat _____ Glück in der Liebe.
5. Ich habe jetzt _____ Lust spazieren zu gehen.
6. Er kann leider _____ gut Englisch.
7. Ich habe _____ Stift dabei. Könntest du mir _____ kurz deinen leihen?
8. Wir suchen _____ Wohnung, sondern ein Haus.
9. Entschuldigung, sprechen Sie bitte langsamer. Ich verstehe _____ viel Deutsch.
10. Tut mir leid, ich kenne _____ guten Mechaniker, der dir bei der Reparatur helfen könnte.

10 Negieren Sie den kursiv geschriebenen Satzteil oder den ganzen Satz.

1. Sie sind *immer* pünktlich.
   Sie sind nicht immer pünktlich.
2. *Ich kenne sie.*
3. Wir gehen *heute* ins Konzert,
   (sondern morgen).

4. *Alle* lieben diese Sängerin.
5. *Er kann Ski fahren.*
6. Ich gehe *mit jedem* aus.
7. *Ich weiß es.*
8. Das versteht *jeder*.

11 Ergänzen Sie *und* (2x), *sowohl … als auch, weder … noch, aber, zwar … aber, sondern, oder, entweder … oder, denn* (2x).

1. ▨ Könnten Sie mir bitte kurz Ihr Wörterbuch leihen, *denn* _____ ich finde
   meins nicht?

2. ▨ Gehst du heute Abend mit uns ins „Papillon"?
   ● Ich komme gern mit, _____ nicht lange, _____ ich möchte heute
   früh ins Bett gehen.

3. ▨ Welche Opern mögen Sie lieber, die von Verdi oder Mozart?
   ● Ich liebe _____ die Opern von Verdi _____ die von Mozart.
   Meine Lieblingsoper ist übrigens „La Traviata".

4. ▨ Ist Tante Emma schon da?
   ● Nein, sie wollte nun doch nicht heute kommen, _____ lieber morgen.

5. ▨ Mögen Sie keinen Champagner?
   ● Doch, sehr. Ich darf _____ keinen Alkohol trinken, _____ heute
   mache ich mal eine Ausnahme.

6. ▨ Was machst du denn nach dem Unterricht?
   ● Ich weiß es noch nicht. _____ gehe ich nach Hause _____ mache
   einen Mittagsschlaf _____ ich gehe ins Zentrum zum Einkaufen.

7. ▨ Sprechen Sie Spanisch oder Italienisch?
   ● _____ _____ , aber ich kann sehr gut Englisch und Französisch.

8. ▨ Was machen Sie heute Abend?
   ● Ich weiß es noch nicht genau. Vielleicht gehe ich ins Kino, _____ ich
   bleibe zu Hause _____ sehe fern.

207

12 Verbinden Sie die Sätze zu einem Text. Stellen Sie nach Möglichkeit die folgenden Adverbien oder ein anderes Element des Satzes – nicht mehr das Subjekt – jeweils an die erste Position.

> Denken Sie an die Regel: An der ersten Position eines Satzes steht ein Element, das diesen Satz mit dem Text davor verbindet.

trotzdem	schließlich	gestern	deshalb
in diesem Moment	deswegen	sofort	leider
daraufhin	zum Glück	aber	plötzlich
also dann	vielleicht	gleich	und

1. Ich bin nach der Schule nach Hause gegangen.
2. Ich habe vor der Haustür bemerkt, dass ich meinen Schlüssel vergessen habe.
3. Unsere Nachbarin hat auch einen Schlüssel von unserer Wohnung.
4. Ich habe bei ihr geklingelt.
5. Sie war nicht zu Hause.
6. Ich habe überlegt, was ich tun kann.
7. Ich hatte eine Idee.
8. Ich rief den Schlüsselnotdienst an.
9. Der Schlüsselnotdienst kam.
10. Der Mann öffnete mir die Tür.
11. Meine Mutter kam früher von der Arbeit zurück.
12. Ich musste 140,– EUR bezahlen.
13. Ich habe das Geld umsonst bezahlt.

13 Schreiben Sie die Sätze neu und verwenden Sie dabei die angegebenen Adverbien. Einige Sätze müssen Sie ganz verändern. Achten Sie auf die Satzstellung.

1. Bevor wir nach Berlin umgezogen sind, lebten wir am Land in Oberbayern. (früher / jetzt)
2. Da ich in Bayern meine Kindheit verbracht habe, liebe ich die Berge. (deshalb)
3. Obwohl das Leben in einer Großstadt wie Berlin eine große Umstellung für mich bedeutet hat, habe ich mich schnell daran gewöhnt. (trotzdem)
4. In Berlin verwenden die Leute zum Beispiel das Wort „Semmel" nicht. Sie sagen „Schrippen". (hier)
5. Vor ein paar Tagen hat mir jemand gesagt, als ich ihn mit „Grüß Gott" begrüßt habe: „Du kommst wohl aus Bayern!", weil man hier „Guten Tag" sagt. (neulich – denn)
6. So sage ich jetzt auch immer „Guten Tag", wenn ich jemanden grüße. (also)

4.3 Satz
Verb an erster Position

Imperativ

1. Position		Ende
Komm	bitte hierher!	
Macht	doch bitte die Tür	zu!
Nehmen	Sie doch noch etwas zu essen!	

▶ *Imperativ* Seite 57–60

Ja-/Nein-Frage

1. Position		Ende
Gehst	du heute Abend mit ins Kino?	
Könntet	ihr bitte das Fenster	öffnen?
Hören	Sie gern Musik?	

4.4 Satz
Verb am Satzende

Nebensätze (NS) ergänzen einen Hauptsatz (HS) und stehen in Verbindung mit einem Hauptsatz.

Regel   Im Nebensatz steht das Verb immer am Ende.

Für die Reihenfolge der anderen Satzelemente gelten die gleichen Regeln wie für das Mittelfeld im Hauptsatz.

▶ *Mittelfeld im Hauptsatz* Seite 198–199

Hauptsatz

	2. Pos.		Ende
Ich	lerne	Deutsch,	
Ich	lerne	Deutsch,	
Ich	habe	Deutsch	gelernt,

Nebensatz

	Verb am Ende
weil ich in Deutschland	arbeite.
weil ich in Deutschland	arbeiten möchte.
als ich in Deutschland	gearbeitet habe.

Nebensatz

= 1. Position
Als ich in Deutschland gearbeitet habe,

Hauptsatz

2. Pos.		Ende
habe	ich Deutsch	gelernt.

Temporale Nebensätze (Zeitablauf)

Gleichzeitigkeit	Nicht-Gleichzeitigkeit
als	bevor/ehe
wenn	nachdem
während	sobald
bis	
seit / seitdem	

▶ *Tempora* Seite 24–30

Gleichzeitigkeit

als
Frage: wann?

▨ Wann hast du eigentlich in Paris gelebt?
● *Als* ich noch Student war. Weißt du das nicht mehr?

in der Vergangenheit: einmalige Handlung/Zustand

wenn
Frage: wann?

▨ *Wenn* ich das nächste Mal nach Paris fahre, bring' ich
   dir einen besonders guten Rotwein mit.
● Oh, das wäre sehr nett.

in der Gegenwart und Zukunft: einmalige Handlung

▨ Hast du denn noch Freunde in Paris?
● Ja klar. Jedesmal *wenn* ich nach Paris gefahren bin,
   habe ich sie besucht.

*in der Vergangenheit: wiederholte Handlung (meist mit
‚jedesmal‘ oder ‚immer‘)*

während
Frage: wann?

▨ Kann ich dir irgend etwas helfen?
● Ja, das wäre sehr nett. *Während* ich das Essen warm
   mache, könntest du vielleicht schon den Tisch decken.

*in der Gegenwart, Vergangenheit und Zukunft: zwei
Handlungen zur gleichen Zeit; Tempus in HS und NS gleich*

bis
Frage: bis wann?
       wie lange?

▨ Mama, darf ich mitkommen?
● Nein, du wartest im Auto, *bis* ich zurückkomme.
   Ich bin gleich wieder da.

zeitliches Ende einer Handlung

seit/seitdem
Frage: seit wann?

▨ Wie geht es Ihnen?
● Danke, gut. *Seitdem* ich nicht mehr soviel arbeite,
   geht es mir viel besser.

NS: Beginn eines Zeitraums

Nicht-Gleichzeitigkeit

bevor/ehe
Frage: wann?

■ Also, um wie viel Uhr kommst du morgen?
● Ich weiß es noch nicht genau. Aber ich kann dich ja kurz anrufen, *bevor* ich zu Hause losfahre.

die Handlung im HS liegt zeitlich vor der Handlung im NS; trotzdem ist das Tempus in HS und NS meist gleich

nachdem
Frage: wann?

■ Warum bist du denn gestern Abend nicht mehr zu uns gekommen?
● Ich war einfach zu müde. *Nachdem* ich den ganzen Tag am Computer gearbeitet hatte, taten mir die Augen weh, und ich wollte nur noch ins Bett.

Vergangenheit: Plusquamperfekt (NS) + Präteritum (HS); in der Umgangssprache wird statt dem Präteritum oft auch das Perfekt benutzt

■ Kannst du dich denn schon auf Deutsch unterhalten?
● Ein bisschen. *Nachdem* ich diesen Sprachkurs beendet habe, kann ich hoffentlich genug Deutsch, um mich mit Deutschen zu unterhalten.

Perfekt (NS) + Präsens (HS)

sobald
Frage: wann?

■ Kommst du nicht mit uns?
● Doch, aber ich muss noch auf meine Tochter warten. *Sobald* sie da ist, kommen wir nach.

sofort danach; Tempus wie bei ‚nachdem‘, oder Tempus in HS und NS gleich

▶ Übungen 1–16

Kausale Nebensätze (Grund)

weil

■ Warum kommst du denn nicht mit ins Kino?
● *Weil* ich keine Zeit habe. Ich muss noch arbeiten.

Begründung nach Frage: warum?

da

■ Was haben Sie am Wochenende gemacht?
● Nichts Besonderes. *Da* das Wetter schlecht war, bin ich fast die ganze Zeit zu Hause geblieben und habe gelesen oder ferngesehen.

Hinweis auf etwas schon Bekanntes; stilistisch ist ‚da' am Satzanfang besser

▶ Übungen 17–21

Konditionale Nebensätze (Bedingung)

wenn

■ Kommst du am Samstag mit zum Europapokal-Endspiel?
● Ja gern, *wenn* es noch Karten gibt.

Bedingung

falls

■ *Falls* du heute Abend doch noch kommst, bring bitte eine Flasche Wein mit.
● Ja, mach' ich.

Bedingung; noch unsicher

▶ Übungen 22–25

Konzessive Nebensätze (gegen die Erwartung)

obwohl

▪ Er ist zur Arbeit gegangen, *obwohl* er krank ist.

etwas geschieht gegen die Erwartung

Dieser Inhalt kann auch mit zwei Hauptsätzen (verbunden durch *trotzdem*) ausgedrückt werden:

▪ Er ist krank. Trotzdem geht er zur Arbeit.

▶ Übungen 26–29   ▶ Seite 189, 202–203

Finale Nebensätze (Ziel, Absicht)

damit / um ... zu

▪ Musst du denn jetzt noch telefonieren?
Unser Zug fährt doch gleich!
● Ich muss schnell meine Eltern anrufen,
damit sie uns vom Bahnhof abholen.

Ziel, Absicht

▪ Warum bist du in Deutschland?
● *Damit* ich ein Praktikum mache.
Besser:
● *Um* ein Praktikum *zu* machen.

Die handelnde Person im Hauptsatz ist identisch mit der handelnden Person im Nebensatz:

Ich bin in Deutschland, *um* ein Praktikum *zu* machen.
→ *um ... zu* + Infinitiv

▶ Übungen 30–33

Konsekutive Nebensätze (Folge)

so dass
- Du wolltest doch gestern noch schwimmen gehen?
- Ja, eigentlich schon. Aber am Abend wurde es ziemlich kalt, *so dass* ich keine Lust mehr hatte.

Folge

so ... dass
- Du wolltest doch gestern noch schwimmen gehen?
- Ja, eigentlich schon. Aber am Abend wurde es *so* kalt, *dass* ich keine Lust mehr hatte.

Folge (Adjektiv wird betont)

ohne dass/
ohne ... zu
- Warum ist Ilse denn so traurig?
- Ihr Freund ist weggefahren, *ohne dass* er sich von ihr verabschiedet hat.

Besser:
- Ihr Freund ist weggefahren, *ohne* sich von ihr *zu* verabschieden.

Folge (mit Negation)

▶ Übungen 34–35

Modale Nebensätze (Art und Weise)

wie
Frage: wie?
- Wie war euer Urlaub in Portugal?
- Sehr schön. Alles war genau *so*, *wie* wir es erwartet hatten.

‚so ... wie‘; Übereinstimmung zwischen Tatsache und Erwartung

als
- Wie war denn euer Urlaub in Portugal?
- Wunderbar. Es war noch *schöner*, *als* wir es erwartet hatten.

Komparativ + ‚als‘; Unterschied zwischen Tatsache und Erwartung

je ... desto/umso

■ *Je schneller* ich mit dem Auto fahre, *desto mehr* Benzin verbraucht es.

Nebensatz: ‚je' + Komparativ; Hauptsatz: ‚desto/umso' + Komparativ

Wie und *als* können nicht nur Hauptsatz und Nebensatz, sondern auch Wörter und Satzelemente miteinander verbinden:

Ich bin *so groß wie* du.
Ich bin *größer als* du.

▶ Übungen 36–39   ▶ *Komparativ* Seite 116–117

Adversative Nebensätze (anders als erwartet)

(an)statt dass/
(an)statt ... zu

■ Kannst du mir bitte ein bisschen helfen, *anstatt dass* du den ganzen Tag nur fernsiehst?
Besser:
■ Kannst du mir bitte ein bisschen helfen, *anstatt* den ganzen Tag nur fern*zu*sehen?

jemand verhält sich anders als erwartet

▶ Übungen 40–41

dass – ob

Dass und *ob* sind Konjunktionen, die keine inhaltliche Bedeutung haben. Sie verbinden nur einen Hauptsatz mit einem Nebensatz.

Ob kann nur in der Antwort auf eine Ja-/Nein-Frage stehen.

dass

▪ Ich wusste nicht,   *dass* du heute Geburtstag hast.
  Hauptsatz   *Nebensatz*

ob

▪ Kommst du heute Abend mit ins Kino?
● Ich weiß noch nicht,   *ob* ich Zeit habe.
  Hauptsatz   *Nebensatz*

▶ Übungen 42–47

4 Satz

1 Welche Sätze gehören zusammen? Ordnen Sie zu.

1	2	3	4	5	6	7

1. Als ich in Deutschland war,
2. Bevor man in Deutschland studieren kann,
3. Jedesmal wenn wir in Paris waren,
4. Seitdem sie in Italien lebt,
5. Nachdem ich eine Stunde gewartet hatte,
6. Dieser faule Typ! Während ich Ski fahre,
7. Warte hier,

a liegt er im Bett und liest.
b ist sie viel glücklicher.
c hat es nie geregnet.
d bis ich zurückkomme.
e haben wir unsere Verwandten besucht.
f ging ich schließlich nach Hause.
g muss man eine Sprachprüfung bestehen.

2 Beginnen Sie mit dem Nebensatz.

1. Ich hatte noch kein Fahrrad, als ich so alt war wie du.
   Als ich so alt war wie du, hatte ich noch kein Fahrrad.
2. Ich muss noch schnell die Wohnung aufräumen, bevor meine Eltern kommen.
3. Du könntest doch schon mit dem Geschirrspülen anfangen, während ich das Bad putze.
4. Du bist schrecklich nervös, seitdem sie angerufen haben.
5. Ich habe mir erst einmal ein Glas Wein geholt, nachdem sie angerufen hatten.
6. Ich habe nie geglaubt, dass sie mich wirklich besuchen wollen, bis ihr Anruf am Samstagabend kam.
7. Sie haben mich nie besucht, als ich in London gelebt habe.
8. Wir haben immer im selben Hotel gewohnt, wenn wir in Paris waren.

3 Ergänzen Sie *als* oder *wenn*.

_____ wir letztes Jahr im Urlaub in Schweden waren, hatten wir großes Glück mit dem Wetter. (1) _____ die Sonne schien, machten wir immer lange Wanderungen, und _____ es regnete, blieben wir zu Hause. (2) Eines Tages, _____ schon morgens die Sonne schien, gingen wir ohne Regenjacken los. Nachdem wir circa drei Stunden gewandert waren, bewölkte sich der Himmel immer mehr, so dass wir zurückgingen. (3) Wir beeilten uns sehr, aber _____ wir kurz vor dem Hotel waren, fing es fürchterlich an zu regnen. (4) Es ist doch immer wieder dasselbe: _____ wir unsere Regenjacken mitnehmen, scheint garantiert den ganzen Tag die Sonne, aber _____ wir sie einmal zu Hause lassen, regnet es mit Sicherheit! (5) So war es auch, _____ wir vor zwei Jahren in Island waren. (6)

4 Bilden Sie Sätze mit *als* oder *wenn*
(+ *immer* / *jedesmal*) in der
Vergangenheit (Präteritum).
In manchen Sätzen ist *als* und *wenn*
möglich. Achten Sie auf die unterschiedliche Bedeutung der Sätze.

1. Kind sein – Lokomotivführer werden
wollen
Als ich ein Kind war, wollte ich
Lokomotivführer werden.
2. noch kein Auto haben – viel zu Fuß
gehen
3. krank sein – Mutter mir viele Bücher
vorlesen
4. im Krankenhaus liegen – viel mit den
anderen Kindern spielen
5. Großmutter zu Besuch kommen –
uns Schokolade mitbringen
6. zur Schule gehen – nie
Hausaufgaben machen wollen
7. in Urlaub sein – Vater viel mit mir
spielen
8. in Italien sein – viel Eis essen

5 Bilden Sie verrückte Sätze mit *als*
oder *wenn* in der Vergangenheit.

zur Schule gehen   in Urlaub sein

auf einem Baum sitzen

Auto fahren   ~~ein Kind sein~~

in der Badewanne liegen

Ski fahren

Humphrey Bogart treffen

~~Motorrad fahren~~   Klavier spielen

eine Symphonie komponieren

Zeitung lesen   Opernarien singen

auf den Händen gehen

Als ich ein Kind war, bin ich viel Motorrad
gefahren.
…

6 Ergänzen Sie den Hauptsatz.

1. Als ich 10 Jahre alt war, *ging ich aufs Gymnasium.* _____

2. Als meine Großmutter noch lebte, _____ .

3. Als ich noch nicht verheiratet war, _____ .

4. Als ich 18 Jahre alt war, _____ .

5. Als ich noch keinen Computer hatte, _____ .

6. Als ich zur Schule ging, _____ .

7. Als ich das erste Mal verliebt war, _____ .

8. Als ich dich noch nicht kannte, _____ .

219

7 Bilden Sie Sätze mit *während*.
Ergänzen Sie *können* im Hauptsatz.

1. Koffer packen – auf der Bank Geld wechseln
   Während ich die Koffer packe, könntest du schon auf der Bank Geld wechseln.
2. tanken – Autofenster waschen
3. Reiseproviant vorbereiten – Küche aufräumen
4. Hotel suchen – auf das Gepäck aufpassen
5. duschen – die Koffer ausräumen
6. einen Parkplatz suchen – schon ins Restaurant gehen

8 Bilden Sie Sätze mit *während*.

Was machen die Personen?

1. Während der Vater _____

2. _____

9 Bilden Sie Sätze mit *bis* oder *seitdem*.

1. gut Deutsch können – noch viel lernen
   Bis ich gut Deutsch kann, muss ich noch viel lernen.
2. in Deutschland leben – Sprachschule besuchen
3. mit der Arbeit beginnen – noch Deutsch lernen müssen
4. einen neuen Lehrer haben – gar nichts mehr verstehen
5. mit diesem Buch lernen – besser die Grammatik verstehen
6. gut Deutsch können – verrückt werden
7. eine neue Wohnung haben – glücklicher sein
8. ich sie kennen – Leben viel schöner sein

3. _____

4. _____

Und ich darf nicht!

10 Bilden Sie kurze Dialoge mit *sobald*.

	Kind	ins Schwimmbad gehen		*Vater*	Schuhe ausziehen	
		Rad fahren			etwas essen	
		~~mit mir spielen~~			Hände waschen	
		Eis essen gehen			~~Zeitung lesen~~	
		malen			Schreibtisch aufräumen	
		in den Park gehen			Mittagsschlaf machen	

▓ *Papa, wann spielst du denn endlich mit mir?*
● *Sobald ich die Zeitung gelesen habe.*
…

11 Ergänzen Sie *als* oder *nachdem*.

1. ▓ Waren Sie am Samstag in der Oper?
   ● Leider nicht, _____ wir eine Stunde an der Kasse gewartet hatten, hat der Mann vor uns die letzten zwei Karten gekauft, und wir mussten nach Hause gehen.

2. ▓ Wie alt warst du, _____ du das erste Mal ohne deine Eltern in Urlaub gefahren bist?
   ● Da war ich ungefähr 16.

3. ▓ Hallo, da seid ihr ja endlich! Warum habt ihr so lange gebraucht?
   ● Wir haben uns total verfahren. Aber _____ wir uns schließlich einen Stadtplan gekauft hatten, haben wir den richtigen Weg schnell gefunden.

4. ▓ Wie hast du dich gefühlt, _____ du endlich wieder zu Hause warst?
   ● Einfach wunderbar!

5. ▓ Wo haben Sie so gut Deutsch gelernt?
   ● Eigentlich in der Schule. Aber wirklich gut sprechen konnte ich erst, _____ ich sechs Monate in Hamburg gelebt hatte.

6. ▓ Woher kennt ihr euch eigentlich?
   ● _____ wir Kinder waren, haben wir im selben Dorf gewohnt.

221

12 Antworten Sie.

1. ▦ Mama, wann hast du schwimmen gelernt?
   ● *Als ich 6 Jahre alt war.*

2. ▦ Mama, wann darf ich zu meinen Freunden zum Spielen gehen?
   ● Sobald …

3. ▦ Mama, wann bekomme ich endlich mehr Taschengeld?
   ● Wenn …

4. ▦ Mama, wann kommt Papa nach Hause?
   ● Sobald …

5. ▦ Mama, wann darf ich heute fernsehen?
   ● Bevor …

6. ▦ Mama, wann hilfst du mir bei den Hausaufgaben?
   ● Wenn …

7. ▦ Mama, wann hast du alle diese Bücher gelesen?
   ● Als …

8. ▦ Mama, wann spielst du endlich mit mir?
   ● Sobald …

13 Ergänzen Sie die Sätze.

Interview mit Herrn Weise, Musiker, 66 Jahre alt.

1. ▦ Herr Weise, wann waren Sie am glücklichsten in Ihrem Leben? (Kind sein)
   ● *Am glücklichsten war ich, als ich noch ein Kind war.*

2. ▦ Was haben Sie nach dem Abitur gemacht? (zum Militär müssen)
   ● Ja also, nachdem …

3. ▦ Und wann haben Sie dann mit dem Musikstudium begonnen? (26 Jahre alt)
   ● Als …

4. ▦ Das ist doch ungewöhnlich spät. Wie kam das? (Arzt werden wollen)
   ● Ja wissen Sie, bevor ich mit dem Musikstudium …

5. ▦ Seit wann spielen Sie überhaupt Klavier? (zur Schule gehen)
   ● Seit …

6. ▦ Und wann haben Sie Ihre Frau kennengelernt? (aus USA zurückkehren)
   ● Nachdem ich …, besuchte ich einen alten Schulfreund. Sie ist seine jüngere Schwester.

7. ▦ Waren Sie auch manchmal nervös bei Ihren Konzerten? (auf die Bühne gehen)
   ● Oh ja, jedesmal wenn …, war ich schrecklich nervös.

8. ▦ Wann haben Sie aufgehört, Konzerte zu geben? (den zweiten Herzinfarkt haben)
   ● Nachdem …

14 Ergänzen Sie die Nebensätze.

1. Er fing erst an Sport zu treiben, *nachdem er mit dem Rauchen aufgehört hatte.*

2. Er trank so viel Bier, bis …

3. Seine Freundin verließ ihn, nachdem …

4. Seine Eltern schrieben ihm einen bösen Brief, als …

5. Er wanderte drei Monate allein durch die Berge, nachdem …

6. Er drehte sich um und ging weg, sobald …

7. Sie trank noch einen Kaffee, bevor …

8. Sie wollten nicht heiraten, bis …

9. Sie weinte den ganzen Abend, nachdem …

10. Sie haben ihr Haus verkauft, als …

11. Er wollte noch einmal mit ihr sprechen, bevor …

12. Ich spiele Trompete, seit …

13. Er sah fern, während …

14. Wir haben eine Flasche Champagner aufgemacht, nachdem …

15. Du kannst bei uns bleiben, bis …

16. Ich kann nicht mehr schlafen, seitdem …

17. Wir fahren los, sobald …

18. Ich war total überrascht, als …

19. Wir machen noch eine Pause, bevor …

20. Kommst du nach, sobald …

15 Schreiben Sie eine kurze Geschichte über ein Erlebnis am letzten Wochenende. Benutzen Sie so oft wie möglich temporale Konjunktionen.

am Sonntag	schönes Wetter	alle Restaurants voll
Auto kaputt	Ausflug	…
Zug verpassen	Bahnhof	eine Stunde warten

Als ich am Sonntag aufstand, stellte ich zu meiner großen Freude fest, dass endlich die Sonne schien und der Regen aufgehört hatte. …

16 Ergänzen Sie *als* (2 x), *wenn, während, nachdem, bevor, sobald, bis, seitdem.*

Warten

Seit Montag wartete er auf diesen Moment. Alles war vorbereitet. _____ er noch einmal mit prüfendem Blick durch die Zimmer ging,
5 überlegte er, ob er Musik auflegen sollte. Klassische Musik vielleicht. Zum Glück bin ich mit allem rechtzeitig fertig geworden, dachte er, _____ er zum wiederholten Mal an diesem Abend auf
10 die Uhr geschaut hatte. Er erwartete sie um 20 Uhr, also in fünf Minuten. Das Warten erschien ihm unerträglich. _____ er unten auf der Straße ein Auto vorfahren hörte, wurde er unruhig.
15 Es blieb stehen. _____ der Fahrer den Motor abgestellt hatte, hörte er laute Stimmen. Zwei oder drei Personen sprachen fast zur gleichen Zeit, so dass er nur einen Teil des Dialogs verstehen
20 konnte. „Warum hast du das nicht gesagt, _____ wir losgefahren sind", sagte eine Frau ärgerlich. Und der Mann antwortete: „Das habe ich ja, aber immer _____ ich mit diesem
25 Thema beginne, läufst du weg und hörst

mir nicht mehr zu". Mit diesen Worten betraten sie das Wohnhaus nebenan. Bis jetzt war er noch ruhig geblieben, aber langsam wurde er nervös. Es war
30 bereits nach 20 Uhr. Warten, warten … Wie lange musste er das noch ertragen, _____ er sie endlich sehen würde. Solange er nicht wusste, wie dieser Abend sich entwickeln würde, konnte er
35 unmöglich ruhig und gelassen sein. _____ das Telegramm am Montag ihre Ankunft angekündigt hatte, konnte er sich auf nichts mehr richtig konzentrieren. Nur während der
40 Arbeitszeit gelang es ihm, die Erinnerungen kurze Zeit hinter sich zu lassen, aber am Abend zu Hause dachte er nur an die alten Zeiten. Wieder bog ein Auto um die Ecke und
45 hielt vor dem Haus. Er lauschte. Einen Moment lang hoffte er, dass es jemand anderes wäre. Auf einmal hatte er Angst, Angst vor dem langersehnten Augenblick. _____ er sie dann
50 sah …

17 Verbinden Sie die Sätze mit *weil.*

1. Ich gehe jetzt nach Hause. Ich bin müde.
   Ich gehe jetzt nach Hause, weil ich müde bin.
2. Der Film hat mir nicht gefallen. Er war so brutal.
3. In dieses Restaurant gehe ich nicht mehr. Es ist zu teuer.
4. Nein danke, ich trinke keinen Wein mehr. Ich muss noch Auto fahren.
5. Ich gehe jetzt ins Bett. Ich muss morgen früh aufstehen.
6. Wir essen kein Fleisch. Es schmeckt uns nicht.

18 Bilden Sie Sätze.

1. ihre – Frau Bauer – weil – ist – unglücklich – weggelaufen – Katze – ist
2. freut – hat – Toni – sich – Prüfung – weil – bestanden – er – die
3. kauft ein – da – Supermarkt – dort – am billigsten – alles – im – sie – ist
4. Bett – sie – müde – weil – Anna – ins – geht – ist
5. am Wochenende – krank – weil – ich – nicht – ich – bin – mitgekommen – war
6. es – Olivenöl – weil – wir – am besten – nur – ist – nehmen – zum Kochen

20 Antworten Sie.

1. ■ Papa, warum liest du immer so lange Zeitung?
   ● Weil _____

2. ■ Papa, warum kannst du jetzt nicht mit mir spielen?
   ● Weil _____

3. ■ Papa, warum musst du immer so viel arbeiten?
   ● Weil _____

4. ■ Papa, warum ist das Wasser im Meer salzig?
   ● Weil _____

5. ■ Papa, warum fällt der Mond nicht vom Himmel runter?
   ● Weil _____

6. ■ Papa, warum sagst du immer, dass ich still sein soll?
   ● Weil _____

19 Bilden Sie Sätze.

den Menschen helfen können
~~schöner Beruf~~ sein
in vielen Ländern arbeiten können
viel Neues lernen können
abwechslungsreiche Arbeit haben
interessanter Beruf sein
…

Arzt	Lehrer	Musiker
~~Ärztin~~	Maler	Lehrerin
Musikerin	Malerin	…

Ich möchte Ärztin werden, weil das ein schöner Beruf ist.
…

21 Ergänzen Sie einen Nebensatz mit *weil/da*.

1. Ich gehe nicht auf dem Mond spazieren, *weil ich nicht Neil Armstrong bin.*

2. Sie schläft mit den Füßen auf dem Kopfkissen, _____ .

3. Er wäscht seine Haare mit rohen Eiern, _____ .

4. Wir sitzen im Unterricht auf Stühlen, _____ .

5. _____ , will ich nicht Prinz Charles heiraten.

6. Sie zieht nur rote Hosen an, _____ .

7. _____ , möchte ich nicht mit dir verreisen.

8. _____ , will ich Cowboy werden.

22 Verbinden Sie die Sätze.

1. Gehen Sie jetzt spazieren? Dann sollten Sie einen Regenschirm mitnehmen.
   Wenn Sie jetzt spazieren gehen, sollten Sie einen Regenschirm mitnehmen.

2. Kauft Hans sich schon wieder einen Ferrari? Dann hat er aber sehr viel Geld.

3. Streitet ihr schon wieder? Dann geht ihr sofort ins Bett.

4. Brauchst du noch Geld? Dann ruf mich einfach an.

5. Haben Sie noch etwas Zeit? Dann schreiben Sie bitte noch schnell diesen Brief.

6. Haben Sie immer noch Schmerzen? Dann nehmen Sie eine Tablette mehr pro Tag.

23 Antworten Sie.

1. ▪ Kommst du mit ins Schwimmbad?
   ● Ja gern, wenn *ich mit der Hausaufgabe fertig bin.*

2. ▪ Fahren Sie nächstes Jahr im Urlaub wieder nach Brasilien?
   ● Ja, wenn … genug Geld haben

3. ▪ Schmeckt Ihnen bayerisches Essen?
   ● Ja, wenn … nicht so fett sein

4. ▪ Suchst du dir wieder einen Job als Babysitter?
   ● Ja, wenn … keine andere Arbeit finden

5. ▪ Mama, darf ich noch zu Anna zum Spielen gehen?
   ● Ja, wenn … nicht zu spät nach Hause kommen

6. ▪ Kommst du am Samstag mit zum Fußballspiel ins Olympiastadion?
   ● Ja, wenn … noch Karten bekommen

7. ▪ Singst du gern?
   ● Ja, besonders wenn … in der Badewanne liegen

24 Ergänzen Sie die Sätze.

1. Wenn _du mich besuchst_ , koche ich dir etwas Gutes.

2. Falls _____ , komm doch noch zu uns.

3. Ich leihe Ihnen gern mein Auto, wenn _____ .

4. Wenn _____ , bin ich immer am glücklichsten.

5. Wir würden uns sehr freuen, wenn _____ .

6. _____ , falls ihr keine anderen Pläne habt.

7. Falls Sie nächstes Jahr wieder nach Europa kommen, _____ _____ .

8. _____ , falls du heute noch einkaufen gehst?

25 Antworten Sie.

1. ▧ Gehen Sie morgen Abend mit mir ins Theater?
   ● Ja gern, falls _die Karten nicht zu teuer sind._

2. ▧ Möchten Sie etwas zu essen?
   ● Ja gern, falls …

3. ▧ Fahren wir am Wochenende in die Berge?
   ● Ja gern, wenn …

4. ▧ Möchtest du gern Chinesisch lernen?
   ● Ja, sehr gern, wenn …

5. ▧ Könntet ihr mir am Samstag beim Umzug helfen?
   ● Ja gern, falls …

6. ▧ Darf ich Sie zu einem Glas Wein einladen?
   ● Ja, sehr gern, wenn …

26 Welche Sätze gehören zusammen? Ordnen Sie zu.

1	2	3	4	5	6

1. Frau Mutig geht allein in den Wald,

2. Er kauft sich ein neues Fahrrad,

3. Sie geht nicht zum Arzt,

4. Sie isst nie Obst,

5. Sie haben nur eine kleine Wohnung,

6. Er geht mit seiner Frau ins Theater,

a obwohl es so gesund ist.

b obwohl er lieber ins Kino gehen würde.

c obwohl sie fünf Kinder haben.

d obwohl es schon dunkel ist.

e obwohl sie krank ist.

f obwohl sein altes noch in Ordnung ist.

27 Stellen Sie die Sätze der Übung 26 um. Beginnen Sie mit dem *obwohl*-Satz.

1. *Obwohl es schon dunkel ist, geht Frau Mutig allein in den Wald.*
...

29 Bilden Sie fünf Sätze.

Ich finde Deutschland toll,

– *weil das Bier überall gut schmeckt.*
– *obwohl es dort so kalt ist.*
...

30 Antworten Sie.

1. Warum lernst du Deutsch?
   in Deutschland studieren können
   Ich lerne Deutsch, um in Deutschland studieren zu können.

2. Wozu brauchen Sie denn alle diese Werkzeuge?   Auto reparieren

3. Wozu brauchst du denn einen Computer?   damit spielen

4. Warum warst du am Wochenende schon wieder in Wien?
   Freundin besuchen

5. Warum stellst du nur immer so viele Fragen?   dich ärgern

6. Warum machst du so viele Übungen in diesem Buch?   Grammatik üben

28 Bilden Sie Fragen.

Fußball spielen   ~~spazieren gehen~~
schon nach Hause gehen
allein nach New York fliegen
fernsehen   Auto kaufen

schönes Wetter   gefährlich
~~es regnet~~   nicht spät
kein Geld haben   es schneit

Willst du wirklich spazieren gehen, obwohl es so stark regnet?
...

31 Verbinden Sie die Sätze mit *damit* oder *um ... zu.*

1. Er spart sein Taschengeld. Er möchte sich ein Videospiel kaufen.
   Er spart sein Taschengeld, um sich ein Videospiel zu kaufen.

2. Die Firma vergrößert ihren Werbe-etat. Sie möchte den Verkauf ihrer Produkte erhöhen.

3. Die Banken erhöhen die Zinsen. Die Bürger müssen mehr sparen.

4. Die Regierung beschließt, die Staatsschulden zu verringern. Sie will die Inflation bekämpfen.

5. Die Eltern bauen ihr Haus um. Ihr Sohn kann darin eine eigene Wohnung haben.

6. Er geht ganz leise ins Schlafzimmer. Seine Frau soll nicht aufwachen.

7. Ich habe in mein Auto einen Katalysator einbauen lassen. Ich kann mit bleifreiem Benzin fahren.

8. Er lernt eine Fremdsprache. Er möchte eine bessere Arbeit finden.

32 Ergänzen Sie einen Nebensatz mit *damit* oder *um ... zu.*

Frau wieder in ihrer Heimat sein	~~Deutsch lernen~~
Praktikum machen gutes Bier trinken	viel Geld verdienen
Kinder hier zur Schule gehen	etwas Neues erleben

Herr Makopulos ist in Deutschland, *um Deutsch zu lernen.*

...

33 Antworten Sie. Warum sind Sie in Deutschland?
Warum möchten Sie gern einmal nach Deutschland fahren?

Ich bin in Deutschland, ...

...

34 Verbinden Sie die Sätze mit *so dass* oder *so ... dass.*

An Weihnachten

1. Die Kinder waren sehr aufgeregt. Sie konnten gar nicht mehr ruhig sitzen.
    Die Kinder waren so aufgeregt, dass sie gar nicht mehr ruhig sitzen konnten.
2. Die Kinder haben gebastelt. Sie hatten für jeden in der Familie ein kleines Geschenk.
3. Die Kinder haben ihrer Mutter beim Backen geholfen. Sie konnten schon die Plätzchen probieren.
4. Der Vater hat vorher viel gearbeitet. Er konnte nach Weihnachten ein paar Tage frei nehmen.
5. Die Großmutter kam zu Besuch. Sie musste die Feiertage nicht allein verbringen.
6. Der Weihnachtsbaum war groß. Sie brauchten zum Schmücken eine Leiter.

35 Verbinden Sie die Sätze mit *ohne ... zu.*

1. wegfahren – sich nicht verabschieden
    Er fuhr weg, ohne sich zu verabschieden.
2. später kommen – nicht vorher anrufen
3. jemandem weh tun – sich nicht entschuldigen
4. laute Musik hören – nicht an Nachbarn denken
5. jemanden beleidigen – es nicht merken
6. mein Fahrrad nehmen – nicht vorher fragen
7. vorbeigehen – nicht grüßen
8. aus dem Haus gehen – die Schlüssel nicht mitnehmen

229

36 Ordnen Sie zu und verbinden Sie die Sätze mit *wie* oder *als*.

1. Das Ergebnis der ~~Verhandlung~~ war ~~besser~~,

2. Am Oktoberfest wurde so viel getrunken,

3. Dieser Computer ist nicht so gut,

4. Er kocht besser,

5. Wir mussten für die Reise weniger zahlen,

6. Sie schwimmt schneller,

a   ich gedacht habe.

b   im Allgemeinen angenommen wird.

c   ihre Konkurrenten befürchtet haben.

d   wir erwartet ~~hatten.~~

e   im vergangenen Jahr.

f   im Prospekt stand.

Das Ergebnis der Verhandlung war besser,
als wir erwartet hatten.
...

37 Antworten Sie.

- wie / als ich gedacht hatte
- wie / als ich angenommen hatte
- wie / als ich geglaubt hatte
- wie / als ich gehofft hatte
- wie / als ich erwartet hatte
- wie / als ich vermutet hatte
- wie / als ich befürchtet hatte

1. War das Fußballspiel gut?
   Es war besser, als ich gehofft hatte.
   Es war nicht so gut, wie ich gehofft
   hatte.

2. Waren die Eintrittskarten schnell verkauft?

3. Ist das Buch spannend?

4. War der Film interessant?

5. Waren viele Leute bei der Veranstaltung?

6. Hast du viele Kollegen auf der Party getroffen?

7. War das japanische Essen gut?

8. War die Bergtour anstrengend?

38 Bilden Sie Sätze mit *je ... desto/umso*.

Sport machen wenig essen	häufig spazieren gehen
Künstler berühmt werden	viel verdienen gern arbeiten
Chef nett sein alt werden	eine gute Figur bekommen
~~lange in England leben~~	schlecht schlafen tolerant werden
Kaffee stark sein	~~gut Englisch sprechen~~
schönes Wetter sein	schlecht gelaunt sein

Je länger ich in England lebe, desto besser spreche ich Englisch.
...

39 Ergänzen Sie die Sätze.

1. Je leiser du sprichst, *desto schlechter verstehe ich dich.* _____

2. Je weniger du anderen Leuten hilfst, _____

3. Je schlechter die Wirtschaftslage ist, _____

4. Je besser das Lehrbuch ist, _____

5. Je lustiger der Lehrer ist, _____

6. Je schöner ein Mann ist, _____

40 Bilden Sie Sätze mit *anstatt … zu.*

mit dem Hund spielen	so lange telefonieren
~~zum Fenster hinausschauen~~	die schöne Frau beobachten
Musik hören	eine halbe Stunde duschen

Kannst du mir bitte ein bisschen helfen, anstatt den ganzen Tag zum Fenster hinauszuschauen?
…

41 Bilden Sie Sätze mit *anstatt … zu.*

mit meiner Freundin spazieren gehen	Hausaufgaben machen
Fenster putzen	Geschirr spülen ~~mit dir ausgehen~~
in den Biergarten gehen	eine Diät machen
Schokolade essen	arbeiten Klavier üben
~~zu Hause bleiben~~	eine Prüfung machen
in der Sonne liegen …	alte Kirchen besichtigen …

Ich bleibe lieber zu Hause, anstatt mit dir auszugehen.
…

42 Ergänzen Sie.

da	als	als	als	als	da	so dass	
so dass	(so) … dass		nachdem		nachdem		
obwohl		ohne	während		wie		bevor

_____ wir vor zwanzig Jahren nach Berlin zogen, mieteten wir eine kleine, aber billige Wohnung in einem sehr alten Haus. (1)

5 _____ wir wussten, dass diese Wohnung mit unseren vier heranwachsenden Kindern bald zu klein werden würde, konnten wir uns keine andere leisten, _____

10 mein Mann zu dieser Zeit nicht viel verdiente. (2)

_____ wir mit der Renovierung begannen, besprachen wir mit unseren Kindern alles und fragten

15 sie, _____ sie ihr Kinderzimmer am liebsten hätten. (3)

Dann machten wir uns mit viel Elan an die Arbeit. _____ mein Mann und ich die Wände strichen,

20 mussten die zwei größeren Kinder auf ihre kleinen Geschwister aufpassen. (4)

_____ wir mit viel Mühe und Zeit alle Zimmer renoviert hatten,

25 gefiel uns unsere Wohnung sehr gut, _____ wir eine Zeit lang gar nicht mehr daran dachten umzuziehen. (5)

Erst _____ die Kinder dann

30 so groß waren, _____ sie nicht mehr alle zusammen in einem Zimmer wohnen wollten, dachten wir darüber nach, eine neue Wohnung zu suchen. (6)

35 Jedoch waren nach der Wiedervereinigung Deutschlands die Wohnungsmieten in Berlin sehr gestiegen, _____ wir uns keine größere Wohnung in Berlin

40 mehr leisten konnten. (7)

Deshalb überlegten wir, ob wir vielleicht aufs Land ziehen sollten, besonders _____ die Umgebung von Berlin sehr schön ist

45 und es dort eventuell noch billigere Wohnungen gab. (8)

_____ wir uns eines Tages wieder eine Wohnung in einem Dorf anschauten, entdeckten wir

50 durch Zufall ein kleines, sehr altes Haus, das leer stand. (9)

Wir waren alle begeistert davon, und den Kindern gefiel besonders der verwilderte, große Garten.

55 _____ wir herausgefunden hatten, wem es gehörte, schrieben wir gleich einen Brief an den Besitzer und fragten, ob es zu vermieten sei. (10)

60 Nach einer Woche erhielten wir seine Antwort. Wir waren alle ein bisschen nervös, _____ mein Mann den Brief öffnete. (11)

Aber wir hatten Glück. Die Miete war

65 nicht sehr hoch, und der Besitzer war froh, neue Mieter gefunden zu haben, _____ eine Anzeige in der Zeitung aufgeben zu müssen. (12)

43 Ergänzen Sie die Sätze frei.

1. Ich suche eine neue Wohnung,
   weil die alte zu klein ist.

2. Ich habe schon viel erlebt,
   seitdem …

3. Obwohl sie noch sehr jung ist, …

4. Ich war sehr überrascht, als …

5. Wir werden dich besuchen,
   sobald …

6. Da ich kein Geld bei mir hatte, …

7. Warum warten Sie nicht, bis …

8. Nachdem der Zug angekommen
   war, …

9. Ich weiß nicht, ob …

10. Könntest du nicht ein bisschen
    mehr lernen, anstatt …

11. Es hat so geschneit, dass …

12. Nehmen Sie eine von diesen
    Tabletten, wenn …

13. Gehen sie nicht weg, bevor …

14. Das Buch ist nicht so interessant,
    wie …

15. Ich werde es Ihnen erklären, falls …

16. Ich hätte gern Ihre Adresse, damit …

17. Anstatt sein Geld zu sparen, …

18. Je mehr ich schlafe, desto …

19. Es geht mir viel besser, seit …

20. Während ich putze, …

21. Ich möchte jetzt nichts essen, weil …

22. Falls mein Chef anruft, …

23. Obwohl er krank war, …

24. Können Sie mir bitte sagen, ob …

25. Nimm nie mehr mein Auto, ohne …

26. Diese Übung ist leichter, als …

44 Ergänzen Sie die Konjunktionen.

Meine Großmutter erzählte uns Kindern
Geschichten, …

1. _____ wir noch klein waren.

2. _____ uns zu unterhalten.

3. _____ wir Zähne geputzt
   hatten und im Bett lagen.

4. nie _____ etwas Neues zu
   erfinden.

5. _____ das Wetter schlecht
   war und wir nicht draußen spielen
   konnten.

6. _____ wir uns nicht
   langweilten.

7. _____ uns das so gut gefiel.

8. _____ sie immer viel Arbeit
   hatte.

9. _____ sie Essen kochte.

10. _____ wir abends ins Bett
    gingen.

45 Ergänzen Sie den Nebensatz. Es gibt meist mehrere Möglichkeiten.

1. Er kam nicht zum Unterricht, …
   … weil er den Zug verpasst hatte.
   … obwohl er es mir versprochen hatte.

2. Mein Vater gibt mir nicht mehr
   Geld, …

3. Er ging weg, …

4. Ich habe meine Arbeitstelle
   gekündigt, …

5. Morgen kommt meine Freundin, …

6. Sie erkundigte sich nach einem Flug
   in die Türkei, …

7. Die Arbeiter haben den Streik
   beendet, …

8. Österreich gefällt mir sehr, …

233

46 Erfinden Sie mit Hilfe der vorgegebenen Konjunktionen eine Geschichte. Sie müssen dabei alle Konjunktionen verwenden, können aber die Reihenfolge frei wählen.

als	obwohl	damit	ohne … zu	nachdem	weil	wenn
um … zu	da	während	sobald	bevor	ob	dass

47 Ergänzen Sie die Wörter im Rätsel.
Schreiben Sie dabei nur in Großbuchstaben (Ä = AE).

1. Ich bin heute sehr müde, ▨▨▨▨ ich letzte Nacht zu wenig geschlafen habe.
2. Kommen Sie mich doch mal besuchen, ▨▨▨▨ Sie Zeit haben!
3. ▨▨▨▨ ich einen Mittagsschlaf gemacht habe, ist er spazieren gegangen.
4. ▨▨▨▨ sie reich sind, leben sie sehr bescheiden.
5. Warte bitte hier, ▨▨▨▨ ich fertig bin.
6. ▨▨▨▨ sie weggefahren war, war er sehr traurig.
7. Er ging weg, ▨▨▨▨ sich noch einmal umzudrehen.

Register

235

Hören Sie mal!

Übungen zum Hörverständnis
von Claudia Hümmler-Hille und Eduard von Jan

Eine Sammlung von authentischen Hörtexten mit Übungen, die sowohl für den Klassenunterricht, als auch für das Selbststudium geeignet sind.
Jeweils 3 Cassetten mit 48 bzw. 40 Hörtexten. Begleitbücher mit Übungen (Kopiervorlagen), Lösungsschlüssel und Transkription der Hörtexte.

Die Dialoge präsentieren Alltagsgespräche in natürlichem Sprechtempo. Durch den schriftlichen Übungsteil erhalten die Lernenden Hilfestellung für den Verstehensprozess. Die vielfältigen Übungsformen zur Entwicklung von Global- und Detailverständnis beziehen auch die Fertigkeiten Lesen und Schreiben mit ein.

Hören Sie mal! 1
3 Cassetten, Gesamtlaufzeit 133 Minuten und ein Begleitbuch mit vielen Zeichnungen.
DIN A4, 92 Seiten, kartoniert. ISBN 3–19–001481–1

Hören Sie mal! 2
3 Cassetten, Gesamtlaufzeit 141 Minuten und ein Begleitbuch mit vielen Zeichnungen.
DIN A4, 112 Seiten, kartoniert. ISBN 3–19–001500–7

Hueber
Sprachen der Welt

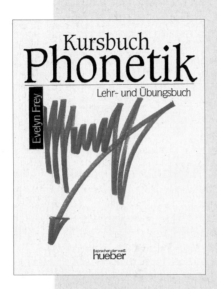